Construye grandes relaciones

Prácticas sencillas para resolver conflictos,
establecer vínculos y fomentar el amor

Rick Hanson, PhD

Construye
grandes relaciones

Prácticas sencillas para resolver conflictos,
establecer vínculos y fomentar el amor

EDICIONES OBELISCO

Si este libro le ha interesado y desea que le mantengamos informado
de nuestras publicaciones, escríbanos indicándonos qué temas son de su interés
(Astrología, Autoayuda, Psicología, Artes Marciales, Naturismo,
Espiritualidad, Tradición…) y gustosamente le complaceremos.

Puede consultar nuestro catálogo en www.edicionesobelisco.com

Colección Psicología-Autoayuda
CONSTRUYE GRANDES RELACIONES
Rick Hanson, PhD

1.ª edición: enero 2024

Título original: *Making Great Relationships*

Traducción: *Jordi Font*
Corrección: *Sara Moreno*
Diseño de cubierta: *Enrique Iborra*

© 2023, Rick Hanson
Publicado por acuerdo con Harmony Books, sello editorial de Random House,
división de Penguin Random House LLC.
(Reservados todos los derechos)
© 2024, Ediciones Obelisco, S. L.
(Reservados los derechos para la presente edición)

Edita: Ediciones Obelisco, S. L.
Collita, 23-25. Pol. Ind. Molí de la Bastida
08191 Rubí - Barcelona - España
Tel. 93 309 85 25
E-mail: info@edicionesobelisco.com

ISBN: 978-84-1172-095-3
DL B 22139-2023

Impreso en los talleres gráficos de Romanyà/Valls S. A.
Verdaguer, 1 - 08786 Capellades - Barcelona

Printed in Spain

Para todos mis amigos y colegas,
para todas las personas con las que he trabajado,
para todos los que me han enseñado,
y para cualquier persona de cualquier lugar que tenga compasión

Introducción

La mayoría de nuestras alegrías y la mayoría de nuestras penas provienen de nuestras relaciones con otras personas. Casi todo el mundo quiere tener relaciones sanas y satisfactorias. ¿Pero cómo conseguirlo realmente en casa y en el trabajo, con amigos y familiares, con las personas que te gustan y quizás con algunas que no te gustan? ¿Cómo puedes gestionar los conflictos, reparar los malentendidos, recibir un mejor trato, profundizar en una relación romántica, estar en paz con los demás y dar el amor que tienes en tu corazón?

Muchos de nosotros nos sentimos estancados, incluso atrapados en nuestras relaciones. Tal vez con un compañero de trabajo complicado o un compañero de piso desalentador, un progenitor separado que no cumplirá su parte, un familiar distanciado, un jefe demasiado crítico o una pareja que se está alejando de ti. Puede parecer imposible.

Pero he aquí las buenas noticias: miles de estudios científicos demuestran que las relaciones no se dan; se establecen. Esto nos da el poder de mejorarlas, y una vez escuché una historia didáctica que nos dice cómo:

Le preguntaron a una anciana qué había hecho para ser tan feliz y sabia, tan querida y respetada. Respondió: «Es porque sé que hay dos lobos en mi corazón, un lobo de amor y un lobo de odio. Y sé que todo depende de a cuál le dé de comer cada día».

Es posible que tú mismo hayas oído una versión de esta historia. ¡Es tan esperanzadora! Todos los días, gracias a lo que piensas y dices, puedes ir construyendo gradualmente un sentido de autoestima, compasión y confianza en tu interior, al mismo tiempo que te vuelves más relajado, paciente y efectivo con los demás.

Como psicólogo, esposo y padre —y como alguien que era tímido y torpe cuando era niño, y que tuvo problemas de adulto en algunas relaciones—, he aprendido qué es lo que hace que las relaciones vayan mal y qué puedes hacer para que vayan mejor. Este libro te enseñará cincuenta maneras sencillas pero poderosas de comunicarte de forma efectiva en todo tipo de ambientes, de no dejarte pisotear, de expresar tus sentimientos profundos, de mantenerte al margen de las disputas sin solución, de decir (y de conseguir) lo que quieres, de redimensionar las relaciones según tus necesidades, de perdonar a los demás y a ti mismo, de tomarte las cosas de una manera menos personal, de sentirte verdaderamente querido y muchas cosas *más*. Es la síntesis de muchos años de experiencia y contiene todo lo que me gustaría dar a cualquier persona que quiera saber cómo cultivar buenas e incluso excelentes relaciones.

Por lo general, lleva mucho tiempo cambiar el mundo que te rodea. Por el contrario, el cambio interior puede ocurrir mucho más rápido. Puedes dar los pasos que estén a tu alcance para sanar viejas heridas y encontrar apoyo y felicidad en tus relaciones tal como son y mejorarlas aún más. Éstas son las reglas básicas de *cualquier* relación, y puedes aplicarlas en cualquier entorno. Me he centrado en su esencia en capítulos breves que rápidamente cubren mucho terreno y, a veces, soy franco y directo y ofrezco lecciones del mundo real extraídas de décadas de experiencia como psicoterapeuta de parejas y familias. Escribo desde mi propia experiencia —de hombre blanco y profesional y mayor— e inevitablemente dejaré a un lado perspectivas y problemas importantes. Por favor, adapta lo que digo a tus propias necesidades y situaciones.

En la primera y la segunda parte, establecemos los cimientos de apoyo vitales para *ti* y un corazón cálido para los demás. La tercera y la cuarta parte sientan las bases para hacer frente a los conflictos y las personas desafiantes. La quinta parte explora la comunicación efectiva en detalle, incluido qué hacer cuando las cosas se ponen serias. La sexta parte amplía el alcance de nuestras relaciones con nuestras comunidades, con la vida en general y con todo nuestro hermoso mundo.

Cada capítulo se sostiene por sí mismo como una práctica completa. Si bien los capítulos se complementan entre sí, puedes ir a lo que te resulte más útil en este momento. De vez en cuando mencionaré los descubrimientos de las investigaciones, y puedes encontrar fácilmente referencias en mis libros *Cultiva la felicidad* y *Neurodharma*, así como *online*. Si te encuentras con algo que me has oído decir en otro lugar, puedes explorarlo más a fondo o saltar un poco más adelante. En este espacio no he podido abordar los temas importantes de las finanzas, el sexo, la crianza de los hijos, el ciberacoso, el acoso laboral o las formas en que nuestras relaciones pueden verse afectadas por el sexismo, el racismo y otros tipos de prejuicios.

Cada día nos da la oportunidad de aprender, sanar y crecer. Seguimos intentándolo. Puedes identificar algunos capítulos como aspiracionales, como «Di qué quieres» (capítulo 43) u «Ocúpate de tus asuntos» (capítulo 24). Lo importante es que te sigas moviendo en un sentido positivo y no sientas que tienes que ser perfecto.

En estas páginas encontrarás muchas cosas específicas que podrías hacer en tus pensamientos o externamente con otras personas. Para simplificar, enuncio la mayoría de ellas como enseñanzas, pero siéntete libre de ignorar las que no te funcionen. Algunas te parecerán sencillas y evidentes, mientras que otras requerirán más esfuerzo y supondrán una exploración continua. Encuentra lo que funciona en tu caso y no pasa nada si ignoras las restantes.

Puedes leer este libro solo o junto con otra persona para mejorar esa relación. Este libro no es una terapia ni un sustituto del tratamiento profesional de problemas de salud físicos o mentales. He tratado de escribirlo como si estuviera hablando con un amigo sobre una relación para explorar sus problemas clave y ofrecerle ideas y herramientas que le resultarían útiles de inmediato. Espero que saques *mucho* provecho de la lectura de este libro y que todo lo que consigas repercuta sobre el mundo para que otras personas también salgan beneficiadas.

Primera parte

Sé amigo
de ti mismo

1

Sé leal contigo mismo

Hace algunos años, mi amigo Norman y yo estábamos escalando una vía en Fairview Dome, en el Parque Nacional Yosemite. Terminé de liderar un tramo inclinado, fijé unos anclajes en un pequeño saliente y aseguré a Norman mientras subía. De repente, se soltó un anclaje y cayó hacia atrás con los brazos abiertos y una expresión de asombro en su rostro. Su peso me arrastró hacia abajo, pero los anclajes aguantaron y detuve su caída. Miró hacia arriba con una sonrisa desconcertada, volvió a meter las manos en la grieta y siguió subiendo.

Norman sabía que yo aguantaría su caída y yo sabía que otro día Norman aguantaría la mía. Éramos *leales* el uno al otro, aunque por lo general de manera menos dramática. Estábamos atentos a las amenazas, escuchábamos con interés, apreciábamos las victorias y nos solidarizábamos con las derrotas. Él se preocupaba por mí y yo por él.

La mayoría de nosotros somos leales a otras personas. Sin embargo, ¿cuántos de nosotros somos leales a *nosotros mismos?* ¿Cuán a menudo te das el mismo tipo de aliento, apoyo y respeto que le das a los demás?

Según mi experiencia, muchas personas tienen problemas para ser leales a sí mismas, al menos en determinadas áreas. Tal vez puedan dar la cara en el trabajo, pero en sus relaciones personales sienten que de alguna manera no tienen derecho a estar de su lado. Como terapeuta, a menudo conocía a alguien que era bastante infeliz, por razones comprensibles, dada su historia de vida y sus relaciones del momento. Pero le restaban importancia o descartaban cómo se sentían, como si fuera vergonzoso o un defecto personal. Se encogían de hombros ante su propio dolor. Podían decirme lo que pensaban que debían hacer, pero en el fondo no se sentían motivados a ayudarse a sí mismos a hacerlo. Para avanzar a pesar de nuestra inercia y nuestros miedos, necesitamos un compromiso persistente y leal con nuestro propio bienestar.

Ser leal a uno mismo es como ser leal a cualquier otra persona. Ves lo bueno de esa persona. Eres un aliado fiel, compasivo y solidario. Esta actitud, aplicada a ti mismo, es la base de toda buena acción que puedas tomar en tu propio beneficio. Es como un testigo luminoso. Si no está encendido, ninguna cantidad de *gasolina* —incluidas las cosas que veremos que podrían mejorar tus relaciones— supondrá un gran cambio. Pero cuando está encendida, todo es posible. Cuando estás solo, tu única, salvaje y preciosa vida —como dijo la poeta Mary Oliver— te importa *a ti*.

Ser leal a uno mismo no significa ser egoísta. Cuando reconoces lo que verdaderamente es mejor para ti, sabes que debes dar para recibir, que necesitas tener a los demás en tu corazón por tu propio bien y el de ellos. La lealtad sabia es lúcida, no ciega. Para ayudarte a ti mismo, necesitas comprender qué podrías hacer mejor la próxima vez. (Tal vez, siguiendo el espíritu del comentario de Suzuki Roshi[1] a un grupo de estudiantes zen: «Eres perfecto tal como eres… y todavía queda espacio para mejorar»). La lealtad sabia hacia ti mismo ve el panorama general y tiene una visión a largo plazo, por ejemplo, ayudándote a desvincularte de disputas sin solución.

Te sientes muy bien cuando alguien te es leal, y puedes sentir lo mismo cuando eres leal a ti mismo. Imagina lo que podrías mejorar en tus relaciones si constantemente estuvieras comprometido con tus verdaderos intereses, si te ofrecieras apoyo emocional durante los conflictos, si todos los días tuvieras un fuerte sentido del valor de tu vida.

---

1. Maestro zen (1904-1971) que divulgó el budismo en Estados Unidos. El libro *Zen Mind, Beginner's Mind* es una compilación de sus enseñanzas. *(N. del T.)*

Cómo

Un buen punto para comenzar es recordar la sensación de ser leal a alguien que te importa. ¿Cómo es esta experiencia? Es posible que sientas apoyo afectuoso y una firme persistencia de su parte, mientras tienes conciencia del ser interior de esa persona, con su vulnerabilidad y su valor emocional. Ten presente lo que es ser leal a alguien.

Y luego aplícate esta actitud a ti mismo. Podrías imaginar ver a esa persona y a ti mismo sentados delante de ti, y decirle primero a la otra persona y luego a ti mismo: «Te soy fiel», «Voy a dar la cara por ti», «Pienso en lo que realmente es mejor para ti», «Tu vida me importa de verdad». ¿Qué se siente al decir estas cosas? *¿Algunas te resultan fáciles de decir a la otra persona, pero difíciles de decirte a ti mismo?*

A continuación, intenta decir estas cosas en voz alta y observa cómo te sientes: «No estoy en contra de los demás, sólo estoy a favor mío», «Mis necesidades y mis deseos importan», «Estoy decidido a hacer lo que es bueno para mí, aunque me dé miedo»… Puedes hacer que estas afirmaciones generales sean específicas para temas particulares, como: «Voy a dar la cara por mí en el trabajo», «Mis necesidades y mis deseos importan en esta familia», «Voy a hablar sobre esa discusión con mi amigo, aunque me dé miedo»… Mantente receptivo a tu intuición sobre lo que podría resultar emocionalmente emotivo e importante de decirte a ti mismo.

Ocúpate de los bloqueos

Cuando haces este ejercicio, estás explorando algunas de las profundidades de tu propia mente. Fíjate en lo que encuentres, especialmente cualquier titubeo, cualquier sensación de que no puedes ponerte de tu lado, cualquier sentimiento de que no mereces ese tipo de apoyo. Los bloqueos a la lealtad hacia uno mismo son frecuentes, en particular:

- Creencias de que de alguna manera va «en contra de las reglas», que es egoísta, injusto o sencillamente equivocado.

- Vergüenza, la sensación de que no mereces amabilidad y apoyo, ni tan siquiera de ti mismo.
- Sensación de futilidad, desesperanza e impotencia; «¿por qué perder el tiempo si de todos modos no funcionará?».
- Desprecio, indiferencia, incluso crueldad hacia partes de ti mismo.

En las páginas que siguen, exploraremos muchas formas de superar bloqueos como éstos. El simple hecho de ser consciente de ellos ya es muy útil. Puedes sentir curiosidad por ellos sin *identificarte* con ellos. Puedes reconocer de dónde vienen los bloqueos, como, por ejemplo, de tu educación o de cómo te han tratado otras personas. Dado que somos seres tan sociales, internalizamos de manera natural y nos hacemos a nosotros mismos lo que otros nos han hecho, especialmente durante la infancia.

Puedes desafiar las creencias que sustentan los bloqueos con preguntas como éstas: «¿Es esto realmente cierto?», «¿Con qué frecuencia pasa esto realmente?», «Si está bien que yo sea leal a los demás, y está bien que los demás me sean leales a mí, ¿por qué está mal que yo sea leal a mí mismo?»… Puedes decirte a ti mismo lo que es verdad, como: «No pude evitar que ese niño me hiciera *bullying* en la escuela, pero hoy no estoy indefenso y puedo plantar cara», «Lo que hizo mi tío fue una vergüenza para él, no para mí; no estoy resentido ni me siento mancillado, ni soy indigno de amor».

Puedes tener la sensación de desconectarte de un bloqueo, dejar de estar de acuerdo con él y reforzarlo, dejar que se desvanezca, dejarlo ir. Puede permanecer «allí», dentro de tu mente, mientras tu corazón se ha separado de él. Intenta decirle que ya no tiene poder sobre ti; intenta decirle adiós.

Fortalece la lealtad hacia ti mismo

Recuerda momentos en los que fuiste fuerte por ti mismo, tal vez cuando tuviste que reunir fuerzas para superar una situación o una relación horrible. Una vez más, trata de tener una imagen de cómo sentiste esa fuerza para reforzarla dentro de ti. ¿Cuál era la mirada de tus ojos, la expresión de tu rostro? Aprecia las formas en que te has sido leal a ti mismo y reconoce sus beneficios, como ayudarte a decirle algo importante a uno de tus padres.

En el presente, puedes estar en contacto con la sensación de serte leal a ti mismo. Explórala a medida que la experimentes, incluida la sensación de tu cuerpo. Fíjate en las cosas que son significativas e importantes para ti cuando estás de tu propio lado. ¡Disfruta esta sensación! Ábrete a la sensación de ser por ti mismo y deja que penetre hasta el fondo.

Puedes prometerte a ti mismo de que no te defraudarás. Que mantendrás la fe en ti. Que no te pondrás por encima de los demás, pero que tampoco te pondrás por debajo de ellos. Que puedes respetarte a ti mismo, y estar a tu lado y contigo mismo en cada paso del largo camino de la vida.

2

Deja ser, deja ir, deja entrar

El estrés es normal. Sentirse irritado, herido o preocupado es normal. La infancia proyecta una larga sombra, y las pérdidas y heridas pasadas nos afectan hoy de manera natural. La vida es un viaje lleno de baches y el mundo puede parecer un lugar bastante aterrador. Las demás personas pueden resultarnos decepcionantes, indiferentes u hostiles, y a veces incluso peor.

Comprensiblemente, reaccionamos ante todas estas cosas. Y estas reacciones están moldeadas e intensificadas por el sesgo de negatividad del cerebro, que hace que sea como el velcro para las malas experiencias y como el teflón para las buenas.

¿Qué podemos hacer?

Una opción es no hacer nada y simplemente irritarse, frustrarse, desbordarse o bloquearse. He pasado por ello… muchas veces. En ocasiones me he enfadado tanto con alguien que lo he atacado con palabras horribles o me he sentido tan herido que apenas podía actuar. Dejando a un lado estos momentos intensos, podemos pasar mucho tiempo preocupándonos, repasando viejas conversaciones o reflexionando sobre resentimientos. Entre tanto, tu estado de ánimo general puede volverse crónicamente ansioso, malhumorado o triste. Puedes sentirte como si estuvieras atrapado en tu mente, como así es.

La otra opción es practicar con tus pensamientos y tus sentimientos, con tus deseos y tus acciones. Esto significa distanciarse de ellos, en lugar de ser arrastrado por ellos, y empujarlos gradualmente en una mejor dirección.

Crecí en un hogar amoroso y decente, pero todavía era muy infeliz y me sentía destrozado por dentro cuando fui a la universidad. ¡Así que he necesitado mucha práctica! A lo largo de los años, he encontrado ayuda en la psicología clínica, la sabiduría contemplativa y la ciencia del cerebro. Prácticamente todo lo que he aprendido sobre practicar con la mente encaja en tres categorías: estar con lo que estás experimentando, reducir lo que es dañino y doloroso, y aumentar lo que es útil y agradable. Imagina que tu mente es como un jardín; puedes contemplarlo, arrancar malas hierbas y plantar flores. En suma: dejar ser, dejar ir y dejar entrar.

Sin práctica, estamos indefensos frente a las tormentas emocionales internas. Con práctica, tenemos *opciones* y un camino de sanación y de felicidad. Veamos cómo hacerlo.

Cómo

Deja ser

En primer lugar, puedes estar con tu experiencia tal como es, tanto abriéndote a ella como observándola, con aceptación y amabilidad hacia cualquier cosa que descubras. Es como ver la película de tu mente desde la fila veinte en lugar de estar pegado a la pantalla. Cuando estás con ella, tu experiencia puede cambiar –por ejemplo, la sensación de malestar puede desvanecerse–, pero no estás tratando de influir en ella directamente.

Supongamos que alguien te ha criticado. Podrías comenzar reconociendo tus diferentes reacciones, tal vez simplemente anotándolas mentalmente, como, por ejemplo: «*Sobresaltado*, enojado... ¿Cómo puede decir eso? ¡Es injusto! Herido... Quiero devolverle el golpe». La investigación ha demostrado que el simple hecho de anotar estos desechos en el flujo de la conciencia ayuda a calmar el «*timbre de alarma*» del cerebro, la amígdala.

Podrías ser consciente de diferentes aspectos de tu experiencia, como sensaciones de tensión en el vientre o pensamientos sobre por qué tú tienes razón y él está equivocado. Debajo de las reacciones superficiales, como la ira, podría haber sentimientos más suaves, como la tristeza, tal vez procedentes de partes más profundas de ti mismo que te hicieron daño cuando eras joven. Puedes comprender las formas en que te ves afectado por acontecimientos pasados, algunos de ellos traumáticos, o por factores actuales, como problemas financieros o sesgos y prejuicios constantes.

Ser capaz de estar con lo que estás experimentando es la base de todas las demás prácticas. A veces, es todo lo que puedes hacer: tal vez hayas experimentado un gran *shock* o cada vez que piensas en un ser querido que has perdido, te invade una profunda sensación de dolor y duelo. Pero a medida que vas sanando y creciendo, sencillamente descansarás cada vez más en una sensación subyacente fundamental de bienestar resiliente cuando las diversas experiencias pasen por tu conciencia.

Pero estar con la mente no es la única manera de practicar. A veces también tenemos que *trabajar con ella*. Los pensamientos, los sentimientos, los hábitos y los deseos dolorosos o dañinos se basan en estructuras y procesos neuronales que por lo general no cambian sin esfuerzos activos para modificarlos. Y cualquier cosa que te gustaría desarrollar dentro de ti –desde habilidades interpersonales hasta sentimientos generales de autoestima, calma y felicidad– se verá reforzada por esfuerzos deliberados para producir cambios físicos específicos en tu cerebro.

Así como un pájaro necesita dos alas, practicar con la mente requiere *estar con ella* y *trabajar con ella* para poder volar.

Deja ir

Supongamos que has estado con una experiencia durante unos instantes, unos minutos o incluso unos días, y te hace sentir bien comenzar a trabajar con ella. Tal vez te sientas inundado por un viejo dolor y necesites dejarlo atrás, al menos por ahora; «He vaciado mi propio cubo de lágrimas de cucharada en cucharada». O tal vez se ha desencadenado una reacción demasiado familiar y no tienes valor para explorarla.

Así que cambias a dejar ir. No te resistes a tus pensamientos y sentimientos, sino que los *liberas* poco a poco.

Utilizando el ejemplo de alguien que te critica, podrías:

- Relajar deliberadamente esa tensión en tu barriga, respirando con ella, ablandándola y aliviándola.
- Desafiar algunos de tus pensamientos, tal vez formulándote preguntas como éstas: «¿Qué es lo que no es cierto de la crítica, para que no deba preocuparme por esa parte?», «¿Es cierta alguna parte de la crítica, de modo que pueda sacar provecho de esa parte?», «A los pensamientos que dicen que soy un estúpido o un fracasado o un antipático, les digo: "¡Estáis totalmente equivocados! ¡En realidad soy inteligente y afortunado, e indudablemente adorable!"».
- Tener la sensación de que tus sentimientos fluyen hacia fuera y se alejan. Intenta desahogarte de forma adecuada (con la intención de liberarte, no de revolucionarte más), como, por ejemplo, escribiendo una carta que no enviarás o sencillamente dejando que las lágrimas fluyan por un tiempo. Imagina emociones concretas, como el dolor o la ira, saliendo de ti con cada espiración.
- Reconocer cualquier deseo o plan que probablemente no sea bueno para ti o para los demás, como reaccionar de una forma exagerada de la cual más adelante te vayas a arrepentir. Dite a ti mismo las razones por las que no es bueno.Desconectar de las preocupaciones del pasado y centrarte en el presente. Imagina que tus reacciones son piedras que sostienes con la mano; abre la mano y suéltalas.

¡No hace falta que hagas todas estas cosas! Cualquiera de ellas puede irte bien y encontrarás tu propio juicio natural sobre qué te ayuda a tener una sensación de liberación, de ligereza y de claridad de mente.

Deja entrar

A continuación, pasas a centrarte en lo que es útil y agradable y a fortalecerlo. En el jardín de la mente, ahora estás plantando flores donde antes había malas hierbas. Por ejemplo, si te han estado criticando, podrías:

- Erguirte si te has encorvado un poco para protegerte.
- Pronunciar dos o tres «pensamientos sabios» para ti mismo —tales como «Todos cometemos errores, y no es el fin del mundo», «Todos los días hago muchas cosas de manera correcta y efectiva», «¡Tengo muy buenas intenciones!» y repetirlos y hacer lo posible por creértelos.
- Invitar gradualmente a los sentimientos positivos, en especial aquellos que son una especie de antídoto contra cómo te ha hecho sentir la crítica. Dado que la crítica puede parecer denigrante y rechazante, trata de recordar la sensación de estar con personas que te aprecian y te hacen sentir valorado.
- Identificar cualquier intención o plan que desees respaldar en los próximos días. Tal vez haya una buena lección que aprender de la crítica, que podría incluir alejarte un poco de las personas que no te tratan bien.

Cuando experimentas lo que estás dejando entrar, quédate con ello durante unas respiraciones, sintiéndolo en tu cuerpo y siendo consciente de lo que es agradable o importante al respecto. Hacerlo te ayudará a que esa experiencia deje huellas duraderas en tu cerebro. Sin estos cambios en tu sistema nervioso, la experiencia en el momento podría resultar agradable, pero después no habrá *aprendizaje,* ni sanación, ni mayor capacidad, resiliencia o felicidad. Además de experimentarlo, también puedes *crecer* a partir de ello.

Y si sabes que te ayudaría a desarrollar *recursos internos* particulares, como una mayor confianza con otras personas, puedes buscar formas de experimentar ese recurso y luego ayudar a que penetre profundamente en ti, convirtiéndose en una parte de ti que esté contigo dondequiera que vayas. (Para más información sobre la neurociencia práctica de «cultivar lo bueno», véase mi libro *Cultiva la felicidad).*

En el jardín de la mente

Cuando algo es estresante o doloroso, hay un ritmo natural que a menudo fluye de dejar ser a dejar ir y luego a dejar entrar. Pero si es especialmente perturbador, como reavivar un viejo trauma, podría ser útil comenzar centrándose en –dejar entrar– la sensación de fuerza tranquila o sentirte querido por alguien, lo que te ayudará a estar con la experiencia cuando te sientas bien. Podrías imaginar que las personas que te importan están contigo mientras te enfrentas a tu dolor, y son compasivas y comprensivas contigo y te dan ánimos.

A medida que practiques con tu mente, irás aprendiendo muchas cosas interesantes y útiles sobre ti mismo. Estarás *más relajado y* serás más efectivo con los demás, y serás más capaz de mantenerte centrado durante los conflictos y de recuperarte de los disgustos. Te será más fácil mantener tu corazón abierto, incluso cuando necesites defenderte. No te afectarán tanto las cosas que pasaron en el pasado. Podrás hacer frente con más seguridad al estrés y a las injusticias inevitables de nuestro mundo tan imperfecto. Sabiendo lo que es asumir la responsabilidad de tu propia mente y practicar con ella, te encontrarás en una mejor posición –cuando sea apropiado– para pedirles a los demás que hagan lo mismo.

La práctica suele ser cuestión de pequeños pasos a lo largo del tiempo. Así pues, es completamente factible, incluso en circunstancias muy difíciles. De hecho, cuanto peor es la vida de una persona, más valioso es practicar. Incluso cuando las circunstancias del mundo exterior son realmente malas, siempre puedes sanar en tu interior y crecer un poco cada día. Respiración a respiración, sinapsis a sinapsis, puedes desarrollar gradualmente un bienestar resiliente que está conectado a tu sistema nervioso.

3

Descansa con la fuerza de la calma

Cuando recuerdo cuarenta años de matrimonio, la crianza de dos hijos y muchos tipos de relaciones con amigos, familiares y compañeros de trabajo, queda claro que la mayoría de mis experiencias dolorosas y la mayoría de mis errores interpersonales sucedieron cuando me sentía estresado y nervioso.

¿Y en tu caso? ¿Dirías más o menos lo mismo?

Nos estresamos y nos ponemos nerviosos cuando parece que no se está satisfaciendo una necesidad importante. Anclados en nuestra biología, cada uno de nosotros tiene una necesidad fundamental de estar *seguro*, *satisfecho* y *conectado* (en términos generales). Cuando siente que estas necesidades están siendo satisfechas, de forma natural el cuerpo se calma, se repara y se recarga. En la mente, a menudo hay una sensación relacionada de calma, agradecimiento y amabilidad, tal vez en el fondo de la conciencia. Éste es nuestro estado de descanso saludable, al que llamo la Zona Verde. Centrado en él, puedes estar *con* el dolor físico o emocional sin que te invada o abrume. Puedes gestionar los problemas de la relación desde un lugar de autoconfianza y compasión, incluso cuando tienes que ser asertivo.

Pero cuando sientes que no te estás satisfaciendo una necesidad importante, tu cuerpo se activa con su respuesta de estrés de lucha, huida o parálisis. Mientras tanto, dependiendo de la necesidad en cuestión, en tu mente podría haber una sensación de:

- Miedo, ira o impotencia (cuando no te sientes física o emocionalmente seguro).
- Frustración, decepción, desinterés, impulsividad o adicción (cuando la satisfacción parece inalcanzable).
- Dolor, vergüenza, insuficiencia, envidia, resentimiento u hostilidad (cuando no te sientes conectado de manera positiva con los demás).

Ésta es la Zona Roja. A veces es sutil, como estar preocupado por una interacción hiriente con alguien en el trabajo. Otras veces es intensa, como en medio de una pelea con la pareja. Las experiencias repetidas en la Zona Roja, incluso las aparentemente leves, desgastan tu salud física y mental. Por ejemplo, un cirujano general de Estados Unidos, el doctor Vivek Murthy, ha señalado que la soledad crónica acorta el promedio de vida tanto como fumar medio paquete de cigarrillos al día.

Cómo

La receta para pasar más tiempo en la Zona Verde y menos en la Zona Roja es sencilla:

1. Desarrolla y utiliza recursos psicológicos, tales como determinación, autoestima y habilidades interpersonales, para satisfacer tus necesidades de manera más efectiva y sin tener que ir a la Zona Roja para hacerlo.
2. Cuando sientas que una necesidad se está satisfaciendo lo suficiente *en el presente* —por ejemplo, tal vez una relación no sea perfecta, pero aun así te sientes bastante conectado y te preocupas por ella—, reduce la velocidad para que te empape esta experiencia. Poco a poco, desarrollarás una sensación subyacente de paz, satisfacción y amor.

Este libro versa sobre el punto número 1, el desarrollo y la utilización de recursos psicológicos en tus relaciones, con recordatorios ocasionales del punto número 2. Sin duda, también es útil para mejorar las condiciones en el mundo y dentro de tu cuerpo. Pero éstas pueden ser reacias al cambio. Mientras tanto, puedes desarrollar rápidamente las actitudes y capacidades que fomentan mejores relaciones, comenzando con potenciar la fuerza de la calma.

Céntrate

En cierto modo, las demás personas son como el viento: a veces cálidas y suaves, otras veces frías y tormentosas. Así pues, ayuda tener una sensación de raíces profundas, como un árbol fuerte. Entonces puedes soportar los vientos más fuertes sin ser derribado.

En tu cuerpo, el *sistema nervioso parasimpático* (SNP) promueve esta sensación de calma y de estar centrado. Intenta hacer un par de respiraciones con espiraciones largas y observa cómo te sientes. Estás experimentando el SNP, ya que está relacionado con la espiración y la ralentización del ritmo cardíaco. Podrías explorar tu cuerpo y liberar sistemáticamente la tensión en diferentes partes, involucrando también el SNP.

Con la repetición, los estudios demuestran que esta *respuesta de relajación* se convertirá en una especie de (muy buen) hábito e incluso cambiará la expresión de genes en tu cerebro para hacerte más resiliente.

Si estás comenzando a entrar en la Zona Roja, haz algunas de esas espiraciones largas y aumenta la activación parasimpática para suavizar el *sistema nervioso simpático* (SNS), que se revoluciona cuando nos sentimos estresados. Estas dos ramas del sistema nervioso autónomo están conectadas como un balancín: cuando una sube, empuja a la otra hacia abajo.

Mientras respiras, sintoniza con las sensaciones internas del aire que entra y sale, y tus pulmones expandiéndose y contrayéndose. Esto te ayudará a sentir tu propio cuerpo conectado a tierra y estable por dentro, aunque de verdad comience a soplar la brisa de otras personas.

Nota que ahora mismo estás bien

Gran parte de la información que llega a tu cerebro proviene del interior de tu cuerpo. A menos que estés experimentando un gran dolor físico o emocional, estas señales son como las llamadas de un vigilante nocturno: «Todo está bien, todo está bien». Hay suficiente aire para respirar, tu corazón está latiendo, tus órganos están funcionando, tu mente está funcionando, tu conciencia está en marcha. Las cosas pueden estar lejos de ser perfectas, pero básicamente estás bien. Independientemente de cómo haya sido el pasado y cómo pueda ser el futuro, básicamente estás bien *en este momento*.

¡Es extremadamente útil notarlo!

Es reconfortante y tranquilizador, un antídoto inmediato contra la ansiedad. Cuando es cierto, y por lo general lo es, puedes encontrar tu punto de apoyo en una sensación básica de que todo va bien *en el presente*. En los límites puede haber dolor y tristeza, problemas reales a los que hay que hacer frente. Pero en el centro de tu ser, estás bien. Reconocer esto y sentirlo de verdad no significa ignorar las amenazas o volverse complaciente. De hecho, te hace más fuerte si tienes que tomar medidas contra aquellos que te hacen daño a ti o a los demás.

Prueba esto: durante una respiración, sigue notando el hecho de que básicamente estás bien y ayúdate a ti mismo a sentir algo de tranquilidad y un alivio de la inquietud o la tensión. Es normal que tu mente divague hacia el pasado o el futuro; simplemente, retorna al presente, notando que estás bien ahora, y ahora, y ahora.

Ten presente que eres fuerte

Muchas personas no aprecian lo fuertes que en realidad son. Fuertes en su determinación, su claridad de propósito y su corazón. No necesitas verte como un culturista para tener agallas, paciencia y resistencia.

Tómate un momento para sintonizar con una sensación de fuerza interior. Podías sentir la vitalidad natural en la respiración, en la vida continua de tu propio cuerpo. Recuerda un momento en el que te sentiste fuerte, tal vez en la naturaleza, trabajando con herramientas o manteniendo una postura de yoga. Recuerda un momento en que algo te hizo tambalearte, pero conseguiste encontrar el equilibrio; en esta recuperación está la verdadera fuerza. Percibe estas experiencias en tu cuerpo y sé consciente de lo bien que te sientes con ellas.

Si lo deseas, mantente en contacto con la sensación de fortaleza mientras recuerdas una relación difícil. Imagina a la otra persona hablando enérgicamente, tal vez criticándote o diciéndote qué tienes que hacer, mientras tú simplemente sigues sintiéndote fuerte en tu fuero interno. Sigue reforzando esa sensación de fuerza. Puedes sentirte nervioso, inseguro o triste, al mismo tiempo que tienes una sensación profundamente arraigada de tu propia fuerza. Sólo esto –simplemente sentirte fuerte mientras te desafían– te ayudará a mantener la calma y a permanecer centrado cuando el exterior te empuja hacia la Zona Roja.

4

Siéntete querido

Todos sabemos cómo te sientes al querer a los demás, tal vez un amigo, la pareja o una mascota. Hay una sensación de conexión cálida, de que algo bueno está fluyendo de ti hacia él.

Es igualmente importante sentirte querido *por ti mismo*. Siente que estás incluido, eres apreciado, querido o amado.

Desear sentirse querido puede resultar un poco… embarazoso. Pero es un deseo totalmente normal, y que se basa en nuestra biología como seres muy sociales. Comenzando hace 200 millones de años con los primeros mamíferos, nuestros ancestros evolucionaron en gran parte mejorando su cuidado mutuo. Nuestra propia especie ha estado aquí desde hace unos 300 000 años, la mayor parte del tiempo en pequeños grupos de cazadores-recolectores de 40 a 50 personas; la expulsión de ese grupo podía significar una sentencia de muerte y ser importante para los demás era crucial para la supervivencia básica. Aquéllos a quienes no les importaba sentirse queridos tenían menos probabilidades de transmitir sus genes. ¡Con razón queremos que los demás se preocupen por nosotros!

Hoy en día, ser comprendido, valorado y apreciado puede no ser un asunto de vida o muerte. Pero los estudios demuestran que sentirse querido reduce el estrés, aumenta las emociones positivas, fomenta la ambición y promueve la resiliencia. Por desgracia, muchos de nosotros hemos experimentado abandono, rechazo, vergüenza o maltrato, a menudo durante la infancia, cuando somos particularmente vulnerables. Incluso aunque las experiencias pasadas no hayan dejado *herida* –la presencia de lo malo–, muchas veces hay una *carencia* significativa, algo importante que falta: la ausencia de lo bueno. Todos necesitamos sentirnos queridos, reconocidos y nutridos. *Suministros sociales* como éstos alimentan el corazón emocional de la misma manera que la buena comida alimenta el cuerpo. Por ejemplo, no me hicieron *bullying* ni me maltrataron, pero como era tímido y muy joven en la escuela, y mis padres estaban ocupados, los suministros sociales que me llegaban eran como una sopa aguada y terminé sintiéndome como si hubiera un gran agujero vacío en mi corazón.

Tanto para aliviar el dolor del pasado como para sobrevivir en la vida cotidiana, es importante sentirse querido. En mi caso, ha sido una parte crucial de mi propia sanación. No importa cuál haya sido tu pasado ni lo difícil y aislada que sea tu vida; siempre puedes encontrar formas de sentirte realmente querido y de llenar gradualmente cualquier vacío que tengas en tu corazón.

Cómo

Comencemos con la parte difícil: abrirse a sentirse querido puede traer a la memoria experiencias pasadas de *no* sentirse tan querido. Tal vez hayas tenido un padre –o pareja– indiferente o crítico. Momentos aparentemente pequeños de ser excluido, decepcionado o menospreciado a menudo dejan huellas dolorosas. Intenta dejar que estos sentimientos sean, aceptándolos y manteniéndolos en un amplio espacio de conciencia para que no resulten tan abrumadores.

Luego, toma aire y vuélvete hacia la otra cara de la moneda: las formas y los momentos en los que te han querido a ti en el pasado y por los que te quieren hoy. ¡Realmente existen! Todo el mundo los tiene. Hay una gama de cariño: desde leve hasta intenso, y desde ser incluido, comprendido o aceptado hasta ser apreciado e incluso querido.

Puede que no sea de manera perfecta o constante, por lo que puede llegar a ser tentador pensar que es insatisfactorio. Pero sigue siendo un nutriente genuino para un corazón hambriento.

Construye un banco de memoria emocional

Busca los hechos en los que alguien se preocupa por ti a lo largo del día. La mayoría serán breves momentos en los que alguien está siendo amable o simpático contigo, o se preocupa por ti de manera sincera. Por pequeños que sean, son reales, y puedes ayudar a que el reconocimiento de estos momentos se convierta en un sentimiento de importar a alguien. Trata de ir más despacio y quédate con la experiencia: ¿cómo es sentirse incluido?, ¿y sentirse comprendido o apreciado?, ¿cuál es la sensación en tu cuerpo de que importes?, ¿cómo se siente ser querido?, ¿y ser amado?

Hacerlo podría despertar temores de decepción, e incluso de traición, dependiendo de tu historia personal. Es conmovedor y triste: anhelamos sentir que importamos, pero, para evitar que nos vuelvan a hacer daño, podemos rechazar este sentimiento. Si tienes estas dudas y temores normales, vuelve a mirar el *hecho* de que realmente se te presenta el cariño.

Trata de reconocer las fuentes continuas de sentir cariño por ti. Por ejemplo, piensa en un grupo del que te sientas bien de formar parte, o en alguien que te respete en el trabajo, o en amigos y familiares compasivos, o en tu mascota favorita. Se sienten agradecidos contigo, les agradas, te desean lo mejor. ¿Puedes respirar una o dos veces y abrirte a sentirlo?

También puedes recordar el cariño que has recibido en el pasado. Tal vez una abuela elaborando galletas, compañeros de equipo y profesores, padres y mentores, personas que vieron el bien en ti y te abrieron puertas y te bendijeron en tu camino. Es posible que algunas de estas personas ya no estén en tu vida y que también sientas algo de tristeza. No obstante, cuando recuerdas el hecho de que te quisieron en el pasado, puedes volver a sentir que te quieren en el presente.

Descubre qué se siente al ser querido. Sigue el ritmo de la experiencia, ábrete a ella en tu cuerpo y observa que te sientes bien con ella. Puedes dejar que estos sentimientos cálidos y buenos alivien viejas heridas como un bálsamo curativo, incluso aportando a las capas más profundas de ti mismo algo de lo que carecías cuando eras joven. Antes de dormirte, recuerda la sensación de ser querido y descansa con ese sentimiento a medida que se abre camino en tu respiración, tu cuerpo y tus sueños. En efecto, estás haciendo depósitos en un banco de memoria emocional. Luego, cuando la vida te plantee un reto y los demás te ignoren o sean fríos contigo, puedes buscar esa sensación de que se han preocupado por ti y de que tú mismo te preocupas por ti, independientemente de lo que esté pasando.

Tu comité de cuidado

Es normal tener diferentes subpersonalidades, perspectivas, «voces» o «energías» dentro de ti, y exploraremos esta idea más a fondo en el próximo capítulo. Por ejemplo, hay una parte de mí que pone el despertador temprano para levantarme y hacer ejercicio, y luego hay otra parte de mí que a la mañana siguiente dice «No, hoy no. Volvamos a dormir».

Algunas partes suponen una crítica demoledora —«*Esto ha sido* un gran error», «Te sigues equivocando», «Nadie te querrá de verdad»—, mientras que otras partes nos fortalecen con una orientación realista, compasión y amabilidad. Algunas partes pueden unirse para formar una especie de agresor interno, mientras que otras partes constituyen un defensor interno. Por desgracia, para muchas personas, el agresor interno es como el gigante Godzilla, pero el defensor interno es como el pequeño Bambi.

Va muy bien reconocer al defensor interno por lo que es: bien intencionado, tal vez, pero exagerado. Trata de alejarte de él y no te identifiques con él. Escucha si tiene algo útil que decir y luego desvía tu atención hacia otro lado. En lugar de discutir con él, como con un molesto trol *online, céntr*ate en hacer crecer tu defensor interno.

Una excelente manera de hacerlo consiste en desarrollar una especie de «comité solidario» interno que te ayude de diferentes maneras. Mi propio comité incluye un sentimiento internalizado de personas que me han querido, buenos colegas, entrenadores duros pero amables y maestros espirituales. Tengo una imaginación bobalicona, así que también hay sentimiento de Obi-Wan Kenobi, Gandalf y las hadas madrinas de la Bella Durmiente. Cuando estás con personas que de alguna manera se preocupan por ti –quizás escuchándote de verdad, dándote buenos consejos o animándote–, disminuye el ritmo para recibir esa experiencia y fortalecer poco a poco la base neuronal de tu defensor interior. Incluso podrías redactar una pequeña lista o hacer un dibujo de quién forma parte de tu propio comité de cuidado.

Cada vez que te sientas herido o solo, sintoniza con estas partes de ti mismo que te apoyan. Imagínate oyéndolas y consiguiendo apoyo emocional y sabios consejos como si tuvieras un buen amigo en tu interior. Puedes imaginarte que el comité de cuidado te está defendiendo contra el agresor interior; como ejercicio poderoso, podrías escribir un diálogo entre ambos. Puedes sentir que tu comité de cuidado protege y nutre aquellas partes de dentro de ti –todos las tenemos– que son jóvenes, débiles o vulnerables.

A medida que fortaleces la sensación de ser querido de estas diferentes maneras, de forma natural te volverás más cariñoso con los demás. Es bueno para ellos que *tú* te sientas querido.

5

Acéptate

Si alguna vez has convivido con un bebé o un niño pequeño, puedes verte como eras hace muchos años. Nacemos completos, con todo incluido: toda la gama de emociones y deseos. Es como ser una gran mansión con todas las puertas abiertas a todas las habitaciones.

Entonces la vida sucede. Muchas situaciones y personas, placeres y dolores… y gradualmente las puertas pueden cerrarse, dejando encerrado lo que haya dentro. A los quince meses (la edad de los niños pequeños que estudié en mi tesis doctoral) ya se pueden ver claras diferencias en estas personitas. Algunos todavía están abiertos y bien integrados psicológicamente. En cambio, otros ya están reprimiendo ciertos sentimientos y se están dividiendo internamente, que es lo que me pasó a mí. Mis primeros recuerdos, a partir de los dos años, están teñidos de prudencia con otras personas. Con el paso de los años, perdí el contacto con muchos sentimientos, especialmente con los más vulnerables. Anhelaba estar cerca de los demás, pero tenía miedo de lo que pudieran ver si bajaba la guardia.

Si reprimes o reniegas de partes de ti mismo, fácilmente puedes sentirte mal por quién eres, con la sensación de que hay cosas desagradables, débiles, vergonzosas o desagradables dentro de ti. Puedes sentirte incómodo y tenso por tener que mantener tantas cosas a raya. Terminamos haciéndonos pequeños ante los demás para mantenerlos alejados de todo lo que no podemos aceptar de nosotros mismos.

Cómo

Claro, algunas de las habitaciones de la mansión de la mente contienen intensidades e impulsos que deben regularse. Pero al menos podemos poner una ventana en esas puertas y saber qué hay detrás de ellas. Puedes ser sensato y precavido acerca de lo que revelas sobre ti mismo a los demás y no revelarte plenamente; esto fomenta una mayor confianza y autoestima. Puedes sentirte más cómodo siendo tú mismo con los demás —más abierto, más vulnerable, más real— sin necesidad de levantar una fachada social, amordazarte o preocuparte por sus juicios y su aprobación.

Acepta tus experiencias

En el capítulo 2, sencillamente hemos explorado *estar con* lo que está pasando a través de tu conciencia. Con esta postura hacia tu propia mente, puedes abrirte a los cinco aspectos principales de nuestras experiencias:

- Pensamientos: Creencias, interpretaciones, perspectivas, imágenes, recuerdos
- Percepciones: Sensaciones, vistas, sonidos, sabores, olores
- Emociones: Sentimientos, actitudes
- Deseos: Voluntades, carencias, necesidades, anhelos, sueños, valores, intenciones, planes
- Acciones: Posturas, expresiones faciales, gestos, comportamientos

Pregúntate «¿Cuán en contacto estoy con cada aspecto de mis experiencias de la lista anterior? ¿Hay determinadas experiencias que ignoro, rechazo, temo o niego, tales como la ira o ciertos recuerdos de la infancia?». Personalmente, sentí que entraba en la edad adulta entumecido del cuello para abajo. Era consciente de mis pensamientos, pero el resto de mi mundo interior era como una tierra prohibida y tenía que irla recuperando gradualmente. Una y otra vez, de manera lenta pero segura, me ayudó hacer prácticas sencillas como la siguiente. Te animo a intentarlo:

1. Siempre que quieras –tanto cuando estés relajado como cuando algo (¡o alguien!) te esté molestando–, frena un poco el ritmo, respira unas cuantas veces e impón una sensación básica de calma, fortaleza y sentirte querido.

2. Pregúntate «¿Qué estoy experimentando ahora?». Da un paso atrás y observa tus pensamientos…; las sensaciones que recorren todo tu cuerpo…; las emociones, tanto las blandas como la tristeza como las duras como la ira…; los deseos, desde anhelos suaves hasta feroces antojos…, y las acciones, encarnadas en posturas, expresiones faciales y movimientos. Permanece en el presente y básate en el testimonio de lo que estás viviendo, en contacto con ello sin dejarte arrastrar.

3. Sé consciente de si te resistes a algo, si te pones tenso con algo o si rechazas algo, y observa si puedes dejar de hacerlo. Trata de tranquilizarte y de abrirte a lo que está presente en la conciencia, dejándolo fluir a su antojo. Sigue abriéndote a lo que podría ser más profundo, más joven, más cargado y perturbador, más vulnerable.

Si sientes que algo te resulta abrumador, aléjate, restablece una sensación de fortaleza tranquila y sincera, y entonces observa si puedes volver a ser consciente de ello. Está bien seguir saltando de un aspecto de tu experiencia a otro. Puede resultar útil etiquetar brevemente las cosas para ti, como por ejemplo «sentimiento herido», «tensión en la barriga», «resentimiento», «pensamientos de venganza», «defraudado por los demás», «recuerdos de la infancia»…

Trata de aceptar lo que estás experimentando tal como es, sin convertirlo en bueno o malo, correcto o incorrecto. Puede ser doloroso, puede ser placentero; en cualquier caso, está aquí, es una experiencia humana, está ocurriendo por diversos motivos y condiciones, muchos de los cuales se extienden más allá de ti a otras personas, otros momentos y otros lugares. Podrías decirte dulcemente para tus adentros: «Acepto que me siento _____. Acepto que quiero _____.

Acepto que están apareciendo pensamientos de _____». Como dice la psicóloga y profesora de *mindfulness* Tara Brach, podrías decirte a ti mismo: «Esto también pertenece».

Nota cómo te sienta aceptar tus experiencias. Sé consciente de cualquier sensación más grande de tranquilidad, de estar centrado, de completitud o de paz. Apréciate por tener el coraje y la fuerza para estar abierto a todo lo que pueda surgir en la conciencia.

Acepta las partes de ti mismo

Tu cerebro es uno de los objetos físicos más complejos conocidos por la ciencia. Dentro de tu cabeza hay unos 85 000 millones de neuronas en medio de otros 100 000 millones de células de apoyo, organizadas en diferentes regiones –tales como la corteza prefrontal, la amígdala y el tegmento– para llevar a cabo diferentes funciones. Una neurona típica establece varios miles de conexiones con otras neuronas, ofreciéndote una vasta red de varios cientos de billones de sinapsis, cada una de ellas como un pequeño microprocesador. No es de extrañar que el neurocientífico Charles Sherrington llamara al cerebro un «telar encantado», que continuamente está tejiendo el tapiz de la consciencia.

Como tu cerebro tiene muchas partes, *tú* también tienes muchas partes. Algunas pueden estar tensas y ansiosas; otras pueden estar más sueltas y relajadas. A algunas les gusta el orden, otras anhelan la extravagancia. Algunas partes son parlanchinas, mientras que otras se comunican con imágenes y sentimientos. Algunas se sienten adultas y otras se sienten jóvenes. Algunas quieren comer, beber o fumar una molécula en particular o vociferar críticamente o aferrarse a resentimientos hacia los demás. Otras partes ofrecen una profunda sabiduría interior. Algunas partes quieren acercarse a otras personas, mientras que otras partes pueden querer alejarse.

Las partes que han sido elogiadas y premiadas siguen adelante y son las que solemos mostrar al mundo. Las partes que nos metieron en problemas cuando éramos niños suelen retirarse a las sombras, tal vez con un sentimiento de vergüenza… o tal vez con una furia creciente. Cuando reaccionamos de forma exagerada hacia los demás, a menudo es porque hemos visto algo en ellos que hemos despreciado y exiliado en *nosotros mismos.*

Esta complejidad interna ha sido reconocida desde hace mucho tiempo, desde Shakespeare («ser o no ser») y Freud («ello, yo, superyó») hasta la teoría de Richard Schwartz de los «sistemas familiares internos». Como dijo el poeta Walt Whitman, «contengo multitudes». Esto es *normal,* y reconocer que no es un problema personal contigo mismo es un gran paso para aceptarte a ti mismo más plenamente. (Los extremos del conflicto interno, la fragmentación del yo y lo que se conoce como trastorno de identidad disociativo requieren ayuda profesional que está más allá del alcance de este libro). Cada parte de ti está tratando de ayudarte, aunque sea de manera equivocada. Puedes expandir tu sentido de identidad para incluirlo todo de ti, lo que libera la tensión del conflicto interno, hace uso de los dones de cada parte, facilita tus relaciones con los demás y brinda una sensación pacífica de completitud interna. Exploremos esto de tres maneras experimentales.

En una lista escrita, en un dibujo o tu imaginación, identifica algunas de tus muchas partes.

Asigna a cada parte un nombre con una palabra o una frase. Por ejemplo, podrías etiquetar algunas de mis partes de la siguiente manera: niño rebelde, padre controlador, leñador, monje, trabajador obstinado, guerrero enfadado, bobalicón juguetón, testigo triste del mundo, alentador o retraído herido. Puedes ser creativo e imaginar tu árbol interior de sabiduría, Atenea, serpiente, embaucador o estrella de rock. Trata de reconocer partes hermosas, importantes y valiosas de ti mismo –cualidades, intenciones, inclinaciones, intuiciones, habilidades– que puedes haber dejado de lado, rechazado o negado. Reconoce partes de ti mismo que te gustaría mostrar más a los demás. Sea lo que sea, ¡eres tú!

A continuación, imagina que estas partes de ti están sentadas en silencio en círculo, tal vez en una gran mesa redonda. Consigue un sentido del núcleo de ti mismo, un centro de conciencia, bondad, sabiduría y decisión: la esencia de tu «yo». Entonces desde este centro reconoces cada una de tus partes y mentalmente di algo así: «[Nombre de esta parte], te reconozco. Eres una parte de mí. Estás tratando de ayudarme a tu manera. Te incluyo. Te acepto. Gracias». Sé consciente de tus reacciones a varias partes de ti mismo, en particular las que has rechazado. Trata de aceptar cada parte de ti por lo que es. Acepta que la totalidad de ti sí incluye esta parte, aunque necesites regularla. Recuerda que puedes aceptar una parte de ti mismo sin ser secuestrado por ella.

Explora diálogos con alguna de tus partes.

Una manera sencilla de hacerlo es imaginar que el núcleo de ti está hablando con una parte: no tratando de persuadirla o de cambiarla, sino simplemente escuchándola. A continuación, te muestro un breve diálogo de ejemplo con una parte infantil de espíritu libre:

> Núcleo del «yo»: Hola, niño de espíritu libre. Realmente me gustaría hablar contigo. ¿Hablarás tú conmigo?
>
> Niño de espíritu libre: ¡De acuerdo! ¡Pero no seas aburrido!
>
> Núcleo del «yo»: De acuerdo, trataré de no ser aburrido. ¿Te gusta jugar?
>
> Niño de espíritu libre: ¡Sí!
>
> Núcleo del «yo»: ¿Qué es lo que más te gusta hacer?
>
> Niño de espíritu libre: Me gusta cuando correteamos y nos divertimos y no trabajamos todo el tiempo.
>
> Núcleo del «yo»: ¿Te sientes triste o enfadado porque trabajo mucho?
>
> Niño de espíritu libre: ¡Sí! ¡Las dos cosas!
>
> Núcleo del «yo»: Gracias por decírmelo. ¿Tienes algo más que decirme?
>
> Niño de espíritu libre: No, ahora no. Esto se está volviendo aburrido.
>
> Núcleo del «yo»: Bien, podemos parar ahora. Gracias por hablar conmigo.

Recuerda que tu núcleo no tiene que estar de acuerdo con ninguna parte o hacer lo que dice. Puedes seguir restableciendo una sensación de fuerza tranquila. Trata de estar abierto a las actitudes y los deseos de las diferentes partes de ti mismo. Curiosamente, cuanta más voz les des a tus partes, más tenderán a asentarse, conectarse y equilibrarse entre sí.

Puedes aplicar esta noción de partes de ti mismo a un conflicto particular o a una relación por lo general desafiante.

Supón que acabas de tener una discusión porque tu pareja te ha criticado. Podrías dedicar unos minutos a hacerte preguntas como las siguientes, con algunas respuestas posibles entre corchetes:

¿Qué partes de mí se han alterado por esto? [parte Sentirse herido; parte Enfadado; parte Querer sentirse querido]

De acuerdo, escuchemos cada una de estas partes. ¿Que tenéis que decir? [parte Sentirse herido: «Estoy muy triste». Parte Enfadado: «Esto no es justo, ¡vayámonos de aquí!». Parte Querer sentirse querido: «Sólo quiero sentir que me quiere, y no sentirme herido ni rechazado».]

¿Hay una parte a la que necesito escuchar más? ¿Y expresar más en esta relación? [la parte Querer sentirse querido]

¿Y hay una parte a la que debo tener en cuenta y no dejar que me secuestre? [sí, la parte Enfadado]

Mmm. Ahora que he hecho espacio para cada una de estas partes, ¿cómo me siento? [probablemente más tranquilo y más integrado]

Teniendo todo esto en cuenta, ¿qué debo hacer? ¿Cuál es el mejor camino desde aquí? [decirle a mi pareja que quiero escuchar lo que quiere, pero sin ese tono suyo de enojo y acusaciones]

Con prácticas como éstas, te sentirás menos presionado por las «voces» y las reacciones que compiten dentro de ti. Esto te ayudará a ser más abierto y auténtico con los demás. Te sentirás menos identificado con una parte particular de ti mismo y arrastrado por ella, con un mayor sentido de ti mismo como un *todo*.

6

Respeta tus necesidades

Vivimos de manera *dependiente* y necesitamos muchas cosas para la supervivencia física, la felicidad, el amor y todo lo que queremos lograr. Segundo tras segundo, nuestra vida depende del oxígeno, de las plantas que lo «exhalan», del Sol que impulsa la fotosíntesis y de las otras estrellas que explotaron hace miles de millones de años para producir cada átomo de oxígeno de la siguiente bocanada de aire que tomamos. Desde el momento de la concepción, también necesitamos de otras personas. Tú, yo y todos los demás somos frágiles, blandos, vulnerables, heridos por las pequeñas cosas y hambrientos de amor. Cuando aceptamos este hecho universal, no somos tan duros con nosotros mismos… ni con los demás.

Muchas personas se sienten necesitadas o avergonzadas de sus necesidades y deseos profundos. (No intentaré buscarle cinco pies al gato y diferenciar entre lo que es una *necesidad* y lo que es un *deseo profundo,* por lo que utilizaré ambos términos como sinónimos). Pero las necesidades son normales; todos las tenemos. El simple hecho de reconocerlo puede tranquilizar y aliviar la autocrítica. El primer paso para lograr que otros satisfagan mejor tus necesidades es respetar *tus propias* necesidades.

Cómo

En tu mente, en voz alta, en papel o con un amigo de confianza, haz un pequeño experimento en el que comiences una frase con: «Necesito

_____», y rellena el espacio en blanco. Hazlo una vez tras otra. Sólo di lo que te venga a la mente, aunque parezca una tontería. A medida que vayas escribiendo repetidas veces la oración, es posible que descubras que te estás adentrando en necesidades cada vez más fundamentales. Cuando sientas que has expresado lo que hay que decir, al menos por ahora, intenta diferentes frases del estilo «Realmente quiero _____», «Es importante para mí sentirme _____» o «Cuando consigo lo que necesito, _____». Luego, vuelve a hacer este mismo ejercicio, esta vez enfocándote en una o más relaciones específicas.

A continuación, elige una de tus necesidades y dite a ti mismo cosas como éstas: «Necesito _____», «Acepto que realmente valoro _____», «_____ es muy importante para mí» o «Es normal y está bien que necesite _____». Trata de tranquilizarte por dentro y ayúdate a sentirte bien acerca de tener esta necesidad.

Da un paso más y pregúntate si hay una necesidad más profunda detrás de ésta. Por ejemplo, es posible que hayas elucubrado «Necesito que mi pareja me haga más cumplidos». Pero los elogios son un medio para el fin de una necesidad más profunda, como la necesidad de tener un sentido de autoestima. Podemos quedarnos atrapados tratando de satisfacer necesidades superficiales que son un medio para un fin, a veces obsesionándonos con palabras o comportamientos particulares de los demás. Uno de los motivos es que puede parecer *más seguro hablar de estos* «indicadores» para necesidades profundamente vulnerables. Por ejemplo, cuando nuestros hijos eran pequeños, le pedí a mi esposa que me abrazara cuando llegara a casa del trabajo. Evidentemente, el cariño era agradable, pero lo que realmente necesitaba era sentir que todavía le importaba como ser, no sólo como compañero de crianza, y decir eso en voz alta resultaba mucho más aterrador. Aunque puedas hacer que alguien diga las cosas «*correctas*», es posible que tu necesidad más profunda no se vea satisfecha si no se aborda directamente.

Una vez que identifiques una necesidad profunda, considera lo que podrías hacer para satisfacerla más plenamente. (También puedes repetir este proceso para otras necesidades). Podría parecer que cuanto más profunda sea la necesidad, más difícil será satisfacerla. Pero en realidad, nuestras necesidades más profundas suelen tener que ver con tener una *experiencia* importante, como sentirse en paz, contento o querido. Cuando cambias tu enfoque de la realidad de que tiene que ser de una cierta manera –como recibir un cumplido o un abrazo– a lo que necesitas sentir por dentro, por lo general hay muchas maneras de ayudarte a ti mismo a tener esa experiencia. ¡Esto es maravillosamente liberador! Pregúntate «¿Qué sentiría en el fondo si los demás hicieran lo que yo quería que hicieran o dijeran?». Y luego hazte esta pregunta crucial: «¿Cómo podría ayudarme a tener esa experiencia sin estar tan atado a lo que hacen otras personas?».

Por ejemplo, si deseas un mayor sentido de autoestima, puedes buscar formas en que otras personas te aprecien y te valoren, sin que digan una palabra. Podrías reconocer algunas de las muchas cosas que consigues en un día y sentir realmente tus capacidades. Antes de levantarte de la cama por la mañana y antes de irte a dormir por la noche, puedes sintonizar con tu bondad fundamental y tu amor por los demás. Todo esto está totalmente dentro de tu propio poder. Ciertamente hay un lugar para hablar hábilmente con los demás –incluso sobre sus necesidades–, y para ver algunas sugerencias sobre cómo hacerlo, consulta los capítulos en las partes cuatro y cinco. ¡Pero resulta demasiado fácil quedarse atrapado en una sensación de necesidades no satisfechas porque otras personas simplemente no actuarán de la manera correcta! Entonces podrías sentirte impotente, incluso desesperado. Va realmente bien hacer un plan sobre cómo *tú* respetarás más plenamente tus necesidades, sobre todo si te han educado o tratado de manera que criticabas o minimizabas tus necesidades. En lugar de esperar a que otros las conozcan, es empoderador, esperanzador y sanador asumir la responsabilidad de hacer todo lo posible para experimentar que tus necesidades profundas están siendo suficientemente satisfechas. Si bien dependemos de otras personas, podemos asumir la responsabilidad dentro de este campo de dependencia, lo que con el tiempo probablemente te ayudará a ser más efectivo a la hora de pedir cosas a los demás.

Por último, considera cómo tú también dependes de… *ti*. El tú que eres hoy ha sido dotado de miles de maneras, grandes y pequeñas, por versiones anteriores de ti mismo. Como corredores en una gran carrera de relevos, entregan el testigo cada día al tú que se despierta a la mañana siguiente. Independientemente de los errores que hayas cometido en el pasado, piensa en algunas de las muchas cosas a las que tus yo han contribuido a lo largo de tu vida: problemas resueltos, objetivos cumplidos, platos lavados, relaciones nutridas, lecciones aprendidas… *¿Cómo* se sentiría imaginar algunos de esos «yo» anteriores y darles las gracias?

Pensando en el futuro, considera cómo tu futuro depende de lo que hagas hoy. No como presión, sino poco a poco, deja que se asiente que tu futuro tú cuenta contigo, ahora mismo. ¿Qué será importante para este ser en el que te convertirás? ¿Qué podrías hacer este año, este día, ahora mismo, que preparara a esta futura persona para vivir con seguridad, salud, felicidad y tranquilidad?

7

Ten compasión por ti mismo

Piensa en un amigo o incluso en un desconocido que está sufriendo. Podrían estar cansados de un largo día de trabajo o preocupados por sus hijos. Podrían estar luchando contra una enfermedad crónica, preocupados por el dinero o sintiéndose solos porque anhelan tener pareja.

Si fueras consciente de su dolor, probablemente sentirías algo de compasión por ellos. Tendrías empatía por lo que están pasando, preocupación y cariño afectuosos, y el deseo de ayudar si pudieras.

Pero cuando eres tú quien sufre, ¿con qué frecuencia sientes compasión por ti mismo? A la mayoría de las personas les resulta mucho más fácil ser comprensivos y solidarios con los demás que con ellas mismas.

Sin embargo, muchas investigaciones demuestran que la autocompasión tiene muchos beneficios. Comenzando con el trabajo innovador de la profesora Kristin Neff, los estudios han encontrado que hace que las personas sean más resilientes, seguras y ambiciosas. Disminuye el estrés, reduce la autocrítica dura y aumenta la autoestima. En una relación desafiante, la autocompasión aliviará los impactos de los demás sobre ti, suavizará tu ira y te ayudará a interactuar de una manera más sincera y respetuosa contigo mismo. *No* es revolcarse en la autocompasión; te hace más fuerte, no más débil. Cuando la vida te dé un mal golpe, comienza por tener algo de compasión por ti mismo; entonces puedes averiguar qué hacer a continuación.

Cómo

«Sufrimiento» es un término amplio que abarca tanto el dolor físico como el mental, de débil a intenso. No es la totalidad de la vida, pero ciertamente es una parte de ella para todos y, por desgracia, una parte muy importante para muchas personas. El sufrimiento mental incluye experiencias de tristeza, miedo, dolor e ira, así como estrés, presión, insensibilidad, soledad, frustración, decepción, culpa, vergüenza, pensamientos negativos, autocrítica y, en resumen, cualquier sensación de que algo falta o está mal. La vida reta a todo el mundo; todos llevamos cargas; todos perdemos seres queridos; todos nos enfrentamos a la enfermedad, el envejecimiento y la muerte.

¿Puedes dedicar unos instantes a sintonizar con tu propio sufrimiento? Puede ser sólo una sensación de fondo de fatiga, inquietud por hacerlo todo hoy o una leve angustia por una relación en particular. Sea lo que sea, está ahí y es real.

Nuestro sufrimiento es el resultado de numerosas cosas, tanto de dentro como de fuera de nosotros. Independientemente de su fuente, el dolor es dolor, sin importar cuál sea la causa, y puedes brindarle compasión. Puedes tener compasión por ti mismo, aunque sientas que eres responsable de parte de tu sufrimiento.

Una vez que reconozcas tu sufrimiento –permitiéndolo, no alejándolo–, puedes ofrecerle una sensación de cariño y apoyo. La compasión es agridulce: existe tanto lo agrio del sufrimiento como lo dulce de los buenos deseos y la tierna preocupación. Sin dejar de ser consciente de lo agrio, céntrate principalmente en lo dulce. Si tu atención se centra en el dolor o si se desvía hacia la crítica hacia ti mismo o hacia los demás, tráela de vuelta –si es necesario, una y otra vez– a un sentimiento de cariño y apoyo.

Cuando sentimos compasión, hay un movimiento natural hacia hacer lo que podamos para aliviar el sufrimiento. Sin embargo, a veces no hay nada que podamos hacer. Tu compasión sigue siendo genuina e importa por derecho propio, incluso cuando no hay nada que puedas «arreglar». Incluso aunque estés atravesando una situación muy complicada –tal vez un hermano que no quiere hablar contigo o un trabajo estresante que debes hacer para poder seguir pagando tu seguro médico–, puedes seguir siendo cordial y respetuoso.

Supongamos que te has sentido tenso, incluso molesto, en una relación desafiante. Prueba esta práctica extendida de autocompasión:

Comienza por ponerte en contacto con la sensación de estar tranquilo y fuerte… y de sentirse querido. A continuación, recuerda a alguien que te importe…, reconoce algunos de sus sufrimientos…, encuentra compasión por él… y ten presente qué es ser compasivo.

Entonces sé consciente de lo que estás experimentando en esta relación desafiante. Céntrate principalmente en tus emociones, tus sensaciones y tus anhelos, y trata de desconectar de los acontecimientos pasados. Podrías nombrar calladamente los aspectos de tu sufrimiento, tales como «triste…, irritado…, algo estupefacto…, muy cansado…, preocupado…, un peso en la boca de mi estómago…, sentirse como un niño enviado al despacho del director…, un nudo en la garganta…, recuerdos de la escuela de secundaria de haber sido expulsado de un grupo…, dar vueltas a lo que debería haber dicho… ¿Por qué nadie me defiende?…, muy enfadado…, duele, en realidad, duele de verdad…».

Mientras reconoces lo que sientes, encuentra un poco de comprensión y de amabilidad para ti mismo, tal como lo harías con un amigo que se siente de la misma manera. Puedes imaginarte sentado en una silla delante de ti o tener la sensación de que hay sitios de tu interior que te duelen. Sea como sea que te parezca bien, tu cariño, tu tierna preocupación y tu apoyo están fluyendo hacia el sufrimiento. Podría decirte mentalmente cosas como éstas: «Sí, esto es difícil», «Sí, esto duele», «Está bien sentir esto; otras personas también lo sienten», «Que no sufra», «Que esto se alivie», «Que me quede en paz», etc. Puedes reconocer nuestra «humanidad común», que sufrimos porque somos humanos, que no te encuentras solo, que en este momento en todo el mundo muchas personas están sintiendo algo similar a lo que sientes tú.

Se puede sentir como si la cordialidad y la buena voluntad salieran de ti en oleadas hacia el sufrimiento. Imagina o siente que la compasión está estableciendo contacto con el sufrimiento, tal vez penetrando en lugares dolorosos de tu interior o comunicándose con partes más jóvenes de ti. Podrías poner una mano en tu corazón o en tu mejilla, o abrazarte, para profundizar todas estas sensaciones.

Luego haz un pequeño cambio y explora la sensación de recibir compasión en ti mismo. ¿Cómo es haber recibido compasión? ¿Puedes dejarla entrar en ti? De alguna manera, ¿puedes sentirte entendido, comprendido y apoyado, aunque sólo sea por ti mismo?

Cuando termines una práctica de autocompasión, podrías ver si hay intuiciones o intenciones sobre acciones hábiles que podrías seguir para hacer frente a esta relación desafiante, bien sea mentalmente, con tus palabras o con tu comportamiento. Podrías imaginarte llevando a cabo estas acciones, experimentando sus beneficios y estando motivado para seguir estos pasos por tu propio bien y por el de los demás.

8

Ten presente que eres
una buena persona

Para muchos de nosotros, es difícil creer que «básicamente, soy una buena persona». Puedes esforzarte mucho, aprender cosas y ayudar a los demás, ¿pero te sientes profundamente convencido de que eres realmente una buena persona? ¡No!

Terminamos *no* sintiéndonos una buena persona de muchas maneras. Es posible que hayas sentido vergüenza y que hayas recibido muchos reproches y castigos moralistas y otras críticas durante la infancia, y probablemente aún más como adulto. Puedes haber vivido experiencias en las que te hayas sentido inepto, inútil y falto de amor, y quizás también hayas tenido sentimientos de culpa y de remordimiento. Casi todo el mundo, incluyéndome a mí, ha hecho cosas malas, las ha dicho o las ha pensado. Cosas como golpear a un animal, arriesgar la vida de los hijos conduciendo algo borracho, portarse mal con una persona vulnerable, robar en una tienda o engañar a un compañero. No es necesario que se trate de delitos graves para que alguien sienta que no es una buena persona.

Claro, hay lugar para el remordimiento sano. Pero brillar a través de nuestros lapsos de integridad es una bondad subyacente y omnipresente. En el fondo, casi todas las intenciones son positivas, incluso aunque se expresen de manera problemática. Cuando no estamos afectados por el dolor, la pérdida o el miedo, el cerebro humano retorna por defecto a un equilibrio básico de calma, satisfacción y cariño. Y de maneras que pueden parecer misteriosas y profundas, puedes sentir un amor y una benevolencia inherentes –y tal vez transpersonales– en el núcleo de tu ser.

¡En realidad, la verdad, *el hecho,* es que eres básicamente una buena persona!

Cuando sientes tu propia bondad natural, es más probable que actúes de buena manera. Conociendo tu propia bondad, eres más capaz de reconocerla en los demás. Al ver lo bueno en ti mismo y en los demás, es más probable que hagas todo lo que puedas para construir el bien en el mundo que compartimos juntos.

Cómo

He aprendido cinco maneras efectivas de sentirme una buena persona, pero puedes sentirte libre de añadir más.

1. **Disfruta del bien de sentirte querido.** Cuando tengas la oportunidad de sentirte incluido, comprendido, apreciado, querido o amado, quédate con esta experiencia por unos instantes y deja que llene tu cuerpo y tu mente, empapándote de ella mientras penetra dentro de ti.

2. **Reconoce la bondad en tus pensamientos, tus palabras y tus acciones.** Por ejemplo, reconoce tus intenciones positivas, aunque no siempre tengas éxito con ellas. Obsérvalas cuando detienes la ira, frenas los impulsos adictivos o extiendes la compasión y la ayuda a los demás. Trata de apreciar tu valor y determinación, tu amabilidad, tu coraje, tu generosidad, tu paciencia y tu voluntad de ver la verdad, sea la que sea. Estás reconociendo hechos sobre ti mismo. Crea una especie de santuario en tu mente para este reconocimiento y protégelo de las personas que se hacen sentir grandes haciendo que los demás se sientan pequeños.

3. **Siente la bondad en el núcleo de tu ser.** Está dentro de todos, aunque a veces es difícil de sentir o de ver. Puede sentirse íntima, y quizás sagrada. Una fuerza, una corriente, un manantial en tu corazón.

4. **Ve la bondad en los demás.** Reconocer su bondad te ayudará a sentir la tuya propia. Puedes ver todos los días pequeños actos de justicia, de amabilidad y de esfuerzo honorable en los demás. Siente las capas más profundas detrás de sus ojos, los anhelos internos de ser decente y cariñoso, de contribuir y de ayudar en lugar de hacer daño.

5. **Entrégate a la bondad.** Deja que los «mejores ángeles de tu naturaleza» sean cada vez más la fuerza animadora de tu vida. Podrías escribir una carta corta en la que te digas a ti mismo, con la mayor sinceridad posible, por qué eres básicamente una buena persona; de vez en cuando, vuélvela a leer y créetela. Ante situaciones o relaciones difíciles, pregúntate «Como buena persona, ¿qué es apropiado hacer en este caso?». Cuando actúes desde esta bondad, deja que el conocimiento de que eres una buena persona penetre cada vez más profundamente.

Disfruta de esta bondad tan hermosa, tan real y tan verdadera.

9

Confía en ti

A medida que iba creciendo, en casa y en la escuela me parecía peligroso ser yo mismo: todo mi yo, incluidas las partes que cometían errores, se rebelaba y se enfadaba, hacía el tonto con demasiada intensidad o era torpe y vulnerable. No temía la violencia, como a la que muchos se han enfrentado, pero sentía el miedo de ser castigado de otras formas, o rechazado, evitado y humillado.

Entonces, como hacen los niños, me puse una máscara. De cerca, observando con cautela, manejaba «*mi*» actuación. Había una válvula en mi garganta: sabía lo que pensaba y sentía en mi interior, pero poco de ello salía al exterior.

Desde fuera, parecía que no confiaba en otras personas. Sí, necesitaba tener cuidado con algunas de ellas. Pero, sobre todo, no confiaba *en mí*.

No confiaba en que mi auténtico yo fuera lo suficientemente bueno, lo suficientemente adorable, ni en que seguiría estando bien si me equivocaba. No tenía confianza en mis propias profundidades, que ya tenían bondad, sabiduría y amor. No confiaba en el proceso en desarrollo de vivir sin un estricto control de arriba abajo. Dudaba de mí mismo, de mi valor, de mis posibilidades.

Y así vivía bajo presión, yéndome bien en la escuela y, a veces, siendo feliz, pero sobre todo oscilando entre la insensibilidad y el dolor.

En las ocho etapas del desarrollo humano de Erik Erikson, la primera, y fundamental, trata de la «confianza básica». Se centró en la confianza/desconfianza en el mundo exterior (especialmente en las personas que lo habitan) y, sin duda, esto es importante. Sin embargo, a menudo lo que parece es que «el mundo no es fiable es», en esencia, que «no confío en mí mismo para hacerle frente».

Ha supuesto un viaje de toda la vida desarrollar más fe en mí mismo, relajarme, soltarme, inclinarme, correr riesgos, cometer errores y luego solucionarlos y aprender de ellos, y dejar de tomarme a mí tan en serio.

Es evidente que las cosas pueden salir mal a veces cuando confías más en ti mismo. Pero pueden salir verdaderamente mal y seguir yendo mal cuando confías menos en ti mismo.

Cómo

Nadie es perfecto. No necesitas ser perfecto para relajarte, decir lo que realmente sientes y tomar un plano largo de la vida. Es el panorama general lo que más importa, y la visión a largo plazo. Sí, el control estricto de arriba abajo y una personalidad bien diseñada pueden aportar beneficios a corto plazo, pero a largo plazo, los costes son mucho mayores, incluidos el estrés, las verdades reprimidas y la alienación interna.

Mírate a ti mismo con dulzura y autocompasión. ¿Dudas de ti mismo y te reprimes por miedo a quedar mal o fracasar, incluso en relaciones clave? Si imaginas ser tú mismo para afuera, ¿existe la expectativa de rechazo, malentendidos o un ataque de vergüenza?

Tal vez hayas interiorizado las críticas de los demás y te has centrado en lo que crees que está mal en ti.

Y te falta tanto que tienen razón.

Cuando te relajas y simplemente te permites ser tu yo natural, ¿cómo es? ¿Cómo responden los demás? Cuando confías en ti mismo, ¿qué puedes conseguir, tanto en casa como en el trabajo?

Sí, sé prudente con el mundo exterior y reconoce cuándo es realmente imprudente dejarse llevar, correr riesgos, hablar. Y guía tu mundo interior como un padre amoroso, reconociendo que no todos los pensamientos, sentimientos o deseos deben ser expresados o representados.

Mientras tanto, si eres como yo y todas las personas que he conocido que han decidido confiar en su propio yo profundo, encontrarás mucho de lo que está bien en tu interior: mucho conocimiento de lo que es verdad y lo que importa, mucha vida y corazón, muchos dones esperando ser ofrecidos, muchas fortalezas. Piensa en una relación importante, tal vez desafiante, y considera cómo podría ir mejor si confiaras más en ti mismo.

Sé todo tu yo; es en todo tu yo en quien puedes confiar. Este día, esta semana, esta vida, mira lo que pasa cuando apuestas por ti, cuando respaldas tu propio juego. Mira lo que pasa cuando te dejas caer hacia atrás en tus propios brazos, confiando en que te cogerán.

10

Regálate

¿**P**uedes recordar alguna ocasión en la que le hiciste un regalo a alguien? Tal vez un regalo de unas vacaciones, un regalo para un niño o ayudar a un amigo. ¿Cómo te hizo sentir? Los investigadores han descubierto que dar estimula algunas de las mismas redes neuronales que se encienden cuando sentimos placer físico.

También está el *recibir*. ¿Puedes recordar alguna ocasión en la que alguien te dio algo? Tal vez fue algo tangible, un objeto que podías sostener entre tus manos, o tal vez fue un momento de cordialidad, una disculpa o una escucha atenta y sostenida. Fuera lo que fuera, ¿cómo te sentiste? Probablemente bastante bien.

Bueno, si estás dándote algo… a ti mismo… ¡Es un dos por uno! Además, existe la bonificación añadida de que estás pasando a la acción, en lugar de estar siendo pasivo. Esto ayuda a reducir cualquier «impotencia aprendida» –una sensación de inutilidad y derrota, que hay poco que puedas hacer para mejorar las cosas–, que los estudios demuestran que es fácil de desarrollar y una pendiente resbaladiza hacia la depresión. Otra ventaja es tratarte a ti mismo como si importaras, lo cual es especialmente relevante si no has sentido que les importabas lo suficiente a otras personas, tal vez cuando eras niño.

Además, cuando te das más a ti mismo, tendrás más para ofrecer a los demás, ya que tu propio vaso está rebosando. Cuando las personas experimentan un mayor bienestar, por lo general se inclinan más hacia la bondad, la paciencia y la cooperación.

Cómo

Puedes regalarte de diversas maneras, muchas de ellas intangibles y en pequeños momentos de la vida cotidiana. Por ejemplo, mientras escribo esto, un simple regalo para mí es recostarme en el teclado, respirar, mirar por la ventana y relajarme. Es un regalo factible.

No hacer también puede ser un regalo importante para ti: no tomarte esa tercera cerveza, no quedarte despierto hasta tarde viendo la televisión, no involucrarte en una discusión innecesaria, no ir deprisa mientras conduces…

Puedes ver cuántas oportunidades hay cada día para hacerte regalos sencillos, pero bonitos y poderosos. Pregúntate de manera rutinaria: «¿Qué podría regalarme ahora mismo?». O «¿qué anhelo que esté en mi poder regalarme?». O «en esta relación, ¿cuál es el regalo más grande que podría hacerme?». Entonces trata de hacerlo realidad.

Centrándote en un marco de tiempo más largo, pregúntate «¿Cómo podría ayudarme a mí mismo esta semana? ¿Y este año?». Incluso «¿Y esta vida?». Trata de seguir escuchando las respuestas, dejándolas sonar y volviendo a sonar en el espacio abierto de la conciencia.

Podrías imaginar un ser profundamente vivificante y tomarte un tiempo para darte cuenta de lo que te está dando, y luego abrirte a dártelo a ti mismo.

Conociendo tu propio corazón generoso y lo que ofreces a los demás, ¿puedes extender ese corazón a ti mismo? Con amabilidad y sabiduría, cariño y apoyo, deja que tus dones fluyan hacia ese ser en este mundo sobre el que tienes más poder y, por lo tanto, hacia el que tienes la mayor obligación de cuidar: aquel que lleva tu nombre.

11

Perdónate

Todo el mundo se equivoca. Yo, tú, los vecinos, la madre Teresa, Mahatma Gandhi, todo el mundo.

Es importante reconocer los errores, sentir el remordimiento apropiado y aprender de ellos para que no vuelvan a pasar. Pero la mayoría de la gente sigue castigándose mucho más allá de lo que puede ser útil.

Hay una especie de crítico interior y de protector interior dentro de cada uno de nosotros. El crítico interior sigue parloteando, buscando algo, lo que sea, para criticarlo. Aumenta los pequeños errores y los convierte en grandes, te castiga por cosas ocurridas hace mucho tiempo y no te da crédito por tus esfuerzos para reparar el daño.

Si eres como yo y la mayoría de las personas que conozco, realmente necesitas que tu protector interior te defienda: que ponga tus debilidades y tus fechorías en perspectiva, que destaque tus muchas buenas cualidades junto con tus errores ocasionales, que te anime a volver al buen camino si has ido por el mal camino y –con franqueza– decirle a ese crítico interior que *se retire*.

Con el apoyo de tu protector interior, podrás ver claramente tus defectos sin temor a caer en el abismo de sentirte horrible. Y podrás limpiar cualquier desastre que hayas cometido lo mejor que puedas y seguir adelante.

El propósito beneficioso de la culpa, la vergüenza o el remordimiento es *aprender* –¡no castigar!– para que no vuelvas a cometer ese mismo error. Cualquier cosa que no vaya de aprender es principalmente sufrimiento innecesario. Además, criticarte por ser «malo» hace que sea más difícil para ti ser «bueno», ya que la culpa excesiva socava tu energía, tu estado de ánimo y tu confianza.

Ver los errores con claridad, responsabilizarse de ellos con el remordimiento adecuado mientras se repara el daño lo mejor que se puede y luego hacer las paces con ellos: esto es lo que quiero decir con perdonarte a ti mismo.

Cómo

Comienza eligiendo algo relativamente pequeño y luego prueba uno o más de los métodos que te muestro a continuación. Los he explicado detalladamente, pero puedes extraer la esencia de estos métodos en unos pocos minutos o incluso en menos. Luego, si lo deseas, prosigue con cuestiones más significativas.

Vayamos:

- Comienza por ponerte en contacto con la sensación de que alguien te quiere, como un amigo o compañero, un ser espiritual, una mascota o una persona de tu pasado. Ábrete a la sensación de que los aspectos de este ser, incluido el cariño por ti, han sido tomados en tu propia mente como partes de tu protector interior.
- Quedándote con sentirte querido, enumera algunas de tus muchas buenas cualidades. Podrías preguntarle al protector interior qué sabe de ti. Éstos son hechos, no cumplidos, y no necesitas un halo para tener buenas cualidades como paciencia, determinación, justicia o amabilidad.
- Elige algo por lo que te sientas culpable. Reconoce los hechos: lo que sucedió, lo que tenías en mente en ese momento, el contexto y la historia relevantes, y los resultados para ti y para los demás. Fíjate en hechos que resultan difíciles de afrontar, como la mirada de un niño al que le gritaste, y sé especialmente abierto a ellos; son los que te mantienen atascado. Siempre es la verdad la que nos hace libres.
- Clasifica lo que sucedió en tres montones: faltas morales, falta de habilidad y todo lo demás. Las faltas morales merecen una

culpa, un remordimiento o una vergüenza *proporcionados,* así como una corrección. Pero la falta de habilidad exige únicamente corrección; se trata de un punto muy importante. Puedes preguntar a los demás qué piensan sobre esta clasificación, incluidos a aquéllos a quienes puedes haber perjudicado, pero sólo tú puedes decidir qué va en cada montón. Por ejemplo, si chismeaste sobre alguien y exageraste un error que cometió, puedes decidir que la mentira de tu exageración es una falta moral que merece un gesto de remordimiento, pero el chisme casual es simplemente una torpeza y debe corregirse (por ejemplo, no volviéndolo a hacer) sin gritarte a ti mismo por ello.

- De una manera honesta, asume la responsabilidad de tu(s) falta(s) moral(es) y falta de habilidad. Di mentalmente o en voz alta (o escribe): «Soy responsable de _____, _____ y _____». Déjate sentirlo.

- Luego añádete a ti mismo: «Pero NO soy responsable de _____, _____ y _____». Por ejemplo, tú no eres responsable de las malas interpretaciones ni de las reacciones exageradas de los demás. Además, el simple hecho de que alguien esté molesto o enfadado contigo no significa *inherentemente* que hayas hecho algo malo. Deja que el alivio de aquello de lo que *no* eres responsable penetre. El hecho de que tengas derecho a decidir aquello de lo que no eres responsable te permite realmente ser dueño de aquello de lo que *sí eres* responsable.

- Reconoce lo que ya has hecho para aprender de esta experiencia y reparar las cosas y el daño hecho. Deja que esto se aposente. Trata de apreciarte por todo esto. A continuación, decide qué queda por hacer, si es que queda algo por hacer –dentro de tu propia mente o en el mundo–, y hazlo. Deja que se aposente que lo estás haciendo y apréciate también por esto.

- Ahora consulta con tu protector interior: ¿hay algo más que debas hacer o a lo que debas enfrentarte? Escucha esa voz calmada y tranquila de la conciencia, tan diferente del desprecio del crítico. Si realmente sabes que queda algo por hacer, entonces ocúpate de ello. De lo contrario, ten presente en tu corazón que lo que se necesitaba aprender se ha aprendido y que lo que se necesitaba hacer se ha hecho.

- Ahora perdónate de forma activa. Di mentalmente, en voz alta, por escrito o tal vez a otros, afirmaciones como éstas: «Me perdono a mí mismo por _____, _____ y _____. Me he hecho responsable de ello y he hecho lo que he podido para mejorar las cosas». Podrías pedirle al protector interior que te perdone. Podrías pedirle a los demás que te perdonen, e incluso tal vez a la persona a la que le hiciste daño. Tómate un tiempo con este paso.

- Es posible que debas seguir varias veces uno o más de los pasos anteriores para perdonarte verdaderamente a ti mismo, y eso está bien. Deja que la experiencia de ser perdonado penetre. Puedes abrirte a ella en cuerpo y alma, y reflexionar sobre cómo ayudará a otros que te perdones a ti mismo.

Que estés en paz.

Segunda parte

Aviva
el corazón

12

Alimenta el lobo del amor

¿Recuerdas la historia de enseñanza en la introducción de este libro, que todo depende de lo que alimentamos cada día? Esa historia de los dos lobos siempre me da escalofríos cuando pienso en ella. ¿Quién de nosotros no tiene un lobo de amor y un lobo de odio en su corazón?

Sé que yo los tengo. El lobo del odio aparece cuando estoy enfadado, soy despectivo o dominante. Incluso aunque sólo esté dentro de mi propia mente, ¡a veces acaba por filtrarse!

Tenemos estos dos lobos porque los *evolucionamos*. Ambos eran necesarios para mantener vivos a nuestros ancestros en sus pequeños grupos de cazadores-recolectores cuando competían intensamente con otras bandas por los escasos recursos. En consecuencia, se transmitieron genes que promovían la cooperación *dentro de* una banda y la agresión *entre* bandas. El lobo del amor y el lobo del odio se han entretejido en el ADN humano.

Tan pronto como vemos a los demás como «no de mi tribu», ya sea en casa, en el trabajo o en las noticias de la noche, el lobo del odio levanta la cabeza y mira a su alrededor en busca de peligro. Entonces, si nos sentimos amenazados, maltratados o desesperados, el lobo del odio salta y busca a alguien a quien aullar.

Si bien el lobo del odio tenía una función en la Edad de Piedra, hoy genera desconfianza, ira, úlceras, enfermedades cardíacas y conflictos con los demás en el hogar y en el trabajo. En un mundo cada vez más interconectado, cuando descartamos, tememos o los atacamos a «ellos», por lo general se vuelve para mordernos a «nosotros».

Cómo

Odiar al lobo del odio sólo lo hace más fuerte. En vez de ello, puedes controlarlo y canalizar su fuego hacia formas saludables de protección y asertividad. Y puedes evitar alimentarlo con miedo e ira.

Mientras tanto, es muy importante alimentar al lobo del amor. Cuando desarrollas mayor compasión, amabilidad y habilidades interpersonales, se vuelve más fuerte y paciente y menos enfadado o resentido. Esto te ayuda a evitar conflictos sin sentido, tratar mejor a las personas y ser una amenaza más pequeña para los demás. Entonces será más probable que *ellos* te traten mejor.

El lobo del amor es tanto para ti como para otras personas. Puedes alimentarlo haciéndote amigo de ti mismo, como ya hemos visto. Por ejemplo, ten en cuenta lo bueno de las experiencias cotidianas de sentirse comprendido, apreciado, querido y amado. Ten compasión de ti mismo. Sé consciente de tu propia decencia y bondad; ten presente que básicamente eres una buena persona.

También puedes alimentarlo preocupándote por los demás de maneras que exploraremos más adelante en este libro. Por ejemplo, puedes ver su sufrimiento y desearles lo mejor. Puedes reconocer lo bueno en ellos. Puedes tomar una actitud fundamental de no hacer daño a todos los seres. Puedes dejar entrar estas experiencias y dejar espacio para el lobo del amor en tu corazón.

Puedes ver lo bueno que hay en el mundo y lo bueno en el futuro que podemos hacer *juntos*. Si bien el lobo del odio puede dominar los titulares, en realidad es el lobo del amor el que es mucho más dominante y poderoso.

Durante la mayor parte del tiempo de la humanidad en esta tierra, la vida diaria con otros miembros de la banda se basaba en la compasión y la cooperación, lo que el profesor Paul Gilbert ha denominado «cuidar y compartir». Éste es nuestro derecho de nacimiento y nuestra posibilidad.

Alimentamos al lobo del amor, es decir, con corazón y con esperanza. Lo alimentamos manteniendo nuestra sensación de lo que es bueno en otras personas, de lo que es bueno en nosotros mismos, de lo que ya es bueno en nuestro mundo y de lo que podría ser aún mejor en un mundo que podemos construir juntos.

Necesitamos mantenernos fuertes para hacerlo y aferrarnos a lo que sabemos que es verdad a pesar de la tendencia del cerebro a enfocarse en amenazas y pérdidas, y a pesar de las antiguas manipulaciones de varios grupos que juegan con el miedo y la ira –que alimentan al lobo del odio– para conseguir aún más riquezas y poder.

Así pues, mantengámonos fuertes y aferrémonos a lo bueno que existe a nuestro alrededor y dentro de nosotros. Mantengámonos fuertes y aferrémonos los unos a los otros.

13

Ve la persona que hay detrás de los ojos

Imagina un mundo en el que las personas interactúen entre sí como hormigas o peces. Imagina ser ajeno a la vida interior de los demás mientras ellos permanecen indiferentes a la tuya.

Ése es un mundo sin empatía.

Tu empatía te da una idea de los sentimientos, pensamientos e intenciones de otras personas. Mientras tanto, tu empatía te ayuda a «sentirte sentido», según la maravillosa frase del profesor Dan Siegel. Las fallas en la empatía sacuden los cimientos de una relación. Sólo tienes que recordar un momento en el que te sentiste incomprendido o, peor aún, un momento en el que a la otra persona simplemente no le importaba entenderte. Cualquiera que sea vulnerable, como un niño, tiene una necesidad particularmente fuerte de empatía, y su falta es muy preocupante.

La empatía es tranquilizadora, calmante y constructora de puentes. Cuando está presente, es mucho más fácil resolver cosas con los demás. La empatía te brinda mucha información útil, como lo que es más importante para alguien o lo que realmente le molesta. En mi experiencia como terapeuta, la falta de empatía es el problema central en la mayoría de las relaciones problemáticas. Sin ella, es poco probable que pase algo bueno. Pero cuando ambas personas tienen empatía, incluso los problemas más difíciles pueden mejorar.

Por ejemplo, yo tenía una familiar con un gran corazón, pero con una personalidad a veces prepotente que me volvía un poco loco. Finalmente, comencé a imaginarme que estar con ella era como mirar una fogata a través de una celosía cubierta de enredaderas espinosas. Me concentré y sentí empatía por su amor genuino por mí que brillaba y no quedaba atrapado en las enredaderas. Esto nos ayudó mucho a los dos.

Más profundamente, cuando eres empático, eso les dice a los demás que existen para ti como un ser, no como un Ello —según el modelo de relaciones de Martin Buber—,[1] sino como un Tú para tu Yo. Estás reconociendo que hay una persona allá detrás de los ojos, alguien que siente dolor y placer, que lucha y se esfuerza y desea que la vida sea más fácil. Esta sensación de ser reconocido suele ser lo que más desea la gente; es más fundamental que cualquier problema que se ponga sobre la mesa.

Cómo

La empatía es completamente natural. A medida que fuimos evolucionando, en el cerebro se fueron desarrollando tres regiones que nos dan una idea del mundo interior de los demás:

- **Empatía por las acciones.** Las *redes de neuronas espejo,* incluidas en la unión entre los *lóbulos temporal* y *parietal* a ambos lados del cerebro, se activan tanto cuando realizas una acción intencionada —como estirarte para coger una taza— como cuando ves o simplemente imaginas a otra persona haciendo lo mismo.
- **Empatía por las emociones.** Una parte del cerebro llamada ínsula (situada en el interior de los lóbulos temporales) está involucrada con la autoconciencia, incluidas las sensaciones internas y

---

1. Martin Buber (1878-1965) fue un filósofo y escritor judío de origen austríaco. Conocido por su filosofía de diálogo, era partidario del diálogo entre judíos y árabes en Palestina. En *Yo y tú,* su obra más conocida, plasma las relaciones entre el hombre y el mundo. *(N. del T.)*

los sentimientos viscerales. Cuando experimentas, por ejemplo, tristeza, tu ínsula se vuelve más activa; cuando percibes la tristeza de otra persona, tu ínsula también puede activarse, brindándote una sensación «de dentro hacia fuera» de lo que esta persona está sintiendo.

- **Empatía por los pensamientos.** Cuando tenías tres o cuatro años, tu *corteza prefrontal* (situada detrás de la frente) podía hacer inferencias sobre lo que otras personas estaban pensando y planeando. Utilizamos estas capacidades para formar lo que se llama una *teoría de la mente* sobre el mundo interior de otras personas.

Podemos desarrollar estas capacidades innatas de manera sencilla y práctica en la vida cotidiana. Mediante la neuroplasticidad positiva, puedes fortalecer la empatía involucrando el circuito neuronal subyacente.

Fundamentos de la empatía

Recuerda que la empatía no es acuerdo ni aprobación. Por ejemplo, podrías sentir empatía por alguien que te ha hecho daño o te resulta irritante; no estás renunciando a tus derechos. Tampoco tienes que resolver el problema que tiene otra persona sólo porque puedes empatizar con ella. Además, podemos sentir empatía por los estados mentales *positivos* de los demás, como compartir su felicidad por el éxito en el trabajo o el nacimiento de un nieto.

Podrías comenzar por respirar profundamente un par de veces y ayudarte a sentirte más tranquilo y fuerte. Paradójicamente, los estudios han encontrado que en realidad un poco de sentido de desapego puede ayudarnos a ser más abiertos y receptivos con otras personas, especialmente si las cosas se están poniendo intensas. Como escribió el poeta estadounidense Robert Frost, «buenas cercas hacen buenos vecinos».

Si te encuentras en medio de un conflicto, serás más empático si puedes dejar a un lado cualquier juicio enfadado sobre la otra persona, al menos por un tiempo. Trata de hacerte una idea de su ser interior, tal vez esté nervioso y a la defensiva y actuando de maneras que son problemáticas, pero en realidad sólo anhela la felicidad y alguna forma de progresar en la vida.

Fortalece la empatía

Comienza con una actitud de curiosidad, especialmente con las personas que conoces bien. Luego observa qué pasa cuando te centras en su respiración, su postura, sus gestos y sus acciones. Imagina cómo te sentirías moviendo tu propio cuerpo de manera similar.

Sintoniza con sus emociones, incluidas las más dulces que aparecen debajo de la ira o las posiciones expresadas con fuerza. Ábrete a tus propios sentimientos viscerales, que podrían estar resonando con los de otra persona. Pregúntate qué sentirías si fueras la otra persona.

Sé curioso con respecto a tus pensamientos, tus recuerdos, tus expectativas, tus necesidades y tus intenciones. Crea pequeñas hipótesis en tu mente sobre lo que podría estar pasando. Ten en cuenta lo que sabes sobre tu historia personal –respecto a ti– y tu temperamento, tus prioridades y tus resortes emocionales. Consigue una sensación de tu propio ser más interno y luego imagina ese núcleo dentro de la otra persona: esa conciencia continua, la sensación de estar vivo, aquél para quien la vida es difícil a veces.

Sintoniza caras

Allí fuera, en el mundo, la gente no suele mirar mucho los rostros que los rodean, y si miran, es con brevedad y sin realmente ver. En casa puedes acostumbrarte a las caras familiares y luego desconectar, hacer suposiciones o mirar hacia otro lado porque te sientes incómodo con lo que puedes ver, como enfado, tristeza o simplemente aburrimiento con lo que estás diciendo. En la televisión y otros medios, nos bombardean con rostros, y es fácil sentirse abrumado por ellos y cada vez más insensible o distraído.

Esto es muy comprensible y pagamos un precio por ello. Perdemos información importante sobre los demás, terminamos perdiendo oportunidades de cercanía y cooperación, y nos enteramos demasiado tarde de potenciales problemas.

Así pues, presta especial atención a las expresiones faciales de los demás, sin mirar fijamente ni ser invasivo. Las expresiones faciales incluyen signos aparentemente universales de seis emociones fundamentales: felicidad, sorpresa, miedo, tristeza, ira y disgusto, así como expresiones más específicas cultural y personalmente. (¡Por ejemplo, conozco esa mirada muy particular que atraviesa el rostro de mi esposa cuando piensa que estoy siendo demasiado engreído!). Estate atento a los micromovimientos rápidos y sutiles alrededor de los ojos; los ojos humanos son más expresivos que los de cualquier otra especie.

Ten una sensación de recibir, de dejar entrar, de *registrar* a la otra persona de una manera más profunda de lo habitual. Nota cualquier molestia con esto. La sensación de conexión evocada por la empatía puede llegar a sentirse tan intensa que es desconcertante. También puede provocar anhelos dolorosos de una conexión aún mayor y temores comprensibles de decepción, especialmente si eso sucedió en tu pasado.

Sigue recordando que puedes dejar entrar una fuerte sensación de la otra persona sin dejar de estar conectado a ti mismo y que tu empatía es distinta de cualquier acción que pueda ser apropiada en esta relación, como establecer un límite firme.

Empatía en voz alta

Por mucho que puedas sentirla cuando otra persona es realmente empática aunque no diga ni una palabra, tu propia empatía no siempre tiene que expresarse para marcar una diferencia. Aun así, a veces es apropiado compartirla, con suerte de manera natural, como un murmullo de simpatía o una simple reafirmación de lo que ha dicho la otra persona (por ejemplo, «¡Guau! ¡Es una situación realmente complicada y estresante para ti!»). Puedes comprobar tu sensación de lo que es ser esa otra persona con preguntas como «¿Qué estás pensando?», «¿Te has sentido _____?», «¿Has querido _____?» o «¿Te has sentido atrapado entre _____ y _____?».

Sé respetuoso, no persuasivo ni fiscalizador. Por lo general, trata de no mezclar las expresiones de empatía con la afirmación de tus propios puntos de vista o necesidades; cuando sea apropiado, haz esta parte más adelante (y exploraremos cómo en la cuarta y la quinta partes).

Fíjate cómo tu empatía puede cambiar el curso de una interacción, tal vez suavizándola y haciéndola más auténtica, y tal vez conduciendo a una buena resolución de manera más cuidadosa y rápida.

Si notas que hay empatía con alguien, puedes plantear el tema del grado en el que os sentís entendidos y comprendidos —o no— el uno por el otro. Al ser empático contigo mismo, sabrás mejor qué es lo que estás pidiendo.

Fundamentalmente, podemos apreciar la empatía y abogar por ella. Podemos defender el valor de reconocer verdaderamente la vida interior de la persona que se encuentra al otro lado de la mesa… o al otro lado del océano. Cuanto más se parezca esa otra persona a ti —tal vez con una nacionalidad, una religión o un estilo de vida diferentes—, más importante es sentir empatía por ella. En el mundo en general, la empatía puede ayudar a unir más el tejido de la humanidad, utilizando los hilos antiguos que nos conectaron con amigos y familiares hace mucho tiempo en las llanuras del Serengueti.

14

Ten compasión por los demás

Por lo general, somos conscientes de nuestro propio sufrimiento, desde una leve frustración o cierta ansiedad hasta la agonía del cáncer de huesos o la angustia de perder un hijo.

Pero reconocer el sufrimiento de los demás…, eso no es tan común. Todas las noticias de desastres, asesinatos y dolor pueden insensibilizarnos ante el sufrimiento en nuestro propio país y en todo el mundo. En entornos muy familiares es fácil desconectar o simplemente perderse el estrés, la tensión, la inquietud y la ira en las personas con las que trabajamos o convivimos.

A menudo, lo que más le importa a otra persona es que alguien dé testimonio de su sufrimiento, que alguien realmente lo entienda. Cuando no sucede esto, se crea una herida y un dolor. Y a nivel práctico, si su sufrimiento pasa desapercibido, es poco probable que consiga la ayuda que necesita.

Cuando no reconoces el sufrimiento, también te perjudica. Pierdes posibilidades de abrir tu corazón y pierdes la oportunidad de saber cuál podría ser tu impacto en los demás. No reconocer las heridas, exasperaciones y preocupaciones de otra persona puede hacer que los problemas se agraven y crezcan cuando se podrían haber resuelto mucho antes. El sufrimiento de las personas a diez mil kilómetros de distancia nos dice cosas importantes sobre los problemas que pronto pueden propagarse dentro de nuestras propias fronteras.

La compasión es esencialmente un deseo sincero de que alguien no sufra. No es consenso, aprobación ni renunciar a tus propias necesidades y derechos. Puedes tener compasión por las personas que te han hecho daño y, al mismo tiempo, seguir insistiendo en que te traten mejor.

La compasión abre tu corazón y nutre a los demás. Es más probable que quienes lo reciban sean pacientes, comprensivos y compasivos contigo. La compasión refleja la sabiduría de que todo está relacionado con todo lo demás, y te lleva a sentirte de manera natural más conectado con todas las cosas.

Cómo

Una vez le pregunté al maestro y erudito budista Gil Fronsdal en qué se estaba enfocando en su propia práctica. Hizo una pausa, me dedicó una gran sonrisa y me dijo: «Me detengo para sufrir».

Ábrete al sufrimiento

Observa las caras de la gente en el trabajo, en una tienda o al otro lado de la mesa. Nota el cansancio, la resistencia ante la vida, la cautela, la irritabilidad y la tensión. Siente el sufrimiento que hay detrás de las palabras. Siente en tu cuerpo cómo sería para ti tener la vida de la otra persona.

A continuación, ábrete de nuevo al sufrimiento de los demás: al de un niño que se siente como un cero a la izquierda, al de una pareja atrapada en la ira, al de un compañero de trabajo que no ha sido ascendido… No esquives las miradas en las noticias del telediario; mira el sufrimiento en los ojos que te devuelven la mirada.

¿Cómo te sientes al abrirte al sufrimiento? Podrías descubrir que te acerca a los demás y que te encuentras con más bondad en tu camino. Podrías sentirte más conectado con la verdad de las cosas, en especial en cómo es realmente para otras personas.

Busca compasión

La compasión es natural. No tienes que forzarla. Sólo tienes que abrirte a la dificultad, la lucha, el estrés, el impacto de los acontecimientos, el dolor y la tensión en la otra persona. Abre tu corazón, déjate conmover y deja que la compasión fluya por ti.

Siente cómo es la compasión en tu pecho, en tu garganta y en tu rostro. Sé consciente de cómo tranquiliza tus pensamientos y calma tus reacciones. Conócela para que puedas volver a encontrar el camino de regreso a ella.

En el fluir de la vida aparecen momentos de compasión. Tal vez un amigo te explica una pérdida o puedes ver el dolor que hay detrás de la cara de enfado de alguien o un niño hambriento te mira desde las páginas de un periódico. Trata de encontrar compasión por las personas que no conoces: alguien en una charcutería, un desconocido en un autobús, el gentío que se mueve por la acera.

También puedes explorar la compasión como una práctica meditativa, como la siguiente.

Relájate y sé consciente de tu cuerpo. Recuerda la sensación de estar con alguien que se preocupa por ti.

Trae a la mente a alguien por quien es fácil sentir compasión. Encuentra el deseo sincero de que no sufra, tal vez con sentimientos de preocupación y cariño. Si quieres, pon tu compasión en pensamientos dulces, tales como «Que no sufras», «Que pase este momento tan duro», «Que tu pena se alivie», «Que estés en paz con este dolor», etc.

Luego expande tu círculo de compasión para incluir a otros. Uno tras otro, considera un benefactor (alguien que ha sido amable contigo), un amigo, una persona neutral y una persona desafiante. Empezando por el benefactor, trata de encontrar compasión por cada una de estas personas. Encuentra lo que puedes ofrecer de manera auténtica, sin forzar nada que se sienta falso o fuera de tu alcance. Si no puedes ofrecer una compasión sincera a una persona en particular, no pasa nada, puedes pasar a alguien que te resulte más fácil.

Comprueba si puedes extender la compasión a todas las personas de tu familia…, al vecindario…, a la ciudad…, al estado…, al país… y a todo el mundo. A todas las personas –justas o injustas, agradables o desagradables, conocidas o desconocidas–, sin omitir ninguna.

Yendo más allá, ¿puedes incluir toda la vida en tu círculo de compasión? Todos los animales, todas las plantas, incluso todos los microbios. Un gran número de seres… grandes o pequeños, visibles o invisibles…

Deja que la compasión sedimente en el fondo de tu mente y de tu cuerpo, presente en tu mirada, tus palabras y tus acciones. Sin omitir nada.

15

Ve lo bueno en los demás

Hoy en día, muchas interacciones se parecen a los coches de choque, ya que vamos rebotando los unos con los otros mientras intercambiamos información, sonreímos o fruncimos el ceño, y seguimos adelante.

¿Cuán a menudo nos tomamos unos segundos de más para hacernos una idea de lo que hay dentro de otras personas, especialmente de sus buenas cualidades?

De hecho, debido al sesgo de negatividad del cerebro, es más probable que en los demás nos demos cuenta de las cualidades *malas* en lugar de las buenas: las cosas que nos preocupan o nos molestan, o nos hacen ser criticones.

Desafortunadamente, si crees que los que te rodean están llenos de cualidades malas o, en el mejor de los casos, neutrales, y sólo tienen un puñado de buenas que percibes vagamente, es posible que de manera natural te sientas menos optimista y respaldado. Además, de manera circular, cuando otras personas tienen la sensación de que realmente no ves muchas cosas buenas en ellas, es menos probable que dediquen tiempo a ver cosas buenas en ti.

Así pues, ver lo bueno en los demás es una forma simple y poderosa de sentirse más feliz, más seguro y más cómodo con otras personas.

Cómo

Afloja el ritmo

Bájate del coche de choque y dedica unos momentos a sentir curiosidad por las buenas cualidades de las personas que pasan por tu vida. Esto *no* significar mirar a través de unos cristales de color de rosa, sino que simplemente te estás quitando las gafas ahumadas del sesgo de negatividad y viendo cómo son realmente los hechos.

Ve habilidades

Cuando estaba en el instituto, era muy joven y de manera rutinaria me elegían en último lugar para los equipos de educación física: no es bueno para la autoestima de nadie. Luego, durante mi primer año en UCLA, probé el *touch football*[1] interuniversitario. Teníamos un gran *quarterback* que era demasiado pequeño para la primera división del fútbol universitario. Después de un entrenamiento, me dijo, de pasada: «Eres bueno y te voy a pasar más el balón». Me dejó pasmado. Pero a partir de ese momento empecé a darme cuenta de que en realidad era un deportista decente. Su reconocimiento hizo que jugara mejor, lo que ayudó a nuestro equipo. Cincuenta años después, todavía recuerdo su comentario. Él no tenía ni idea del impacto que supondría, pero fue un gran impulso para mi sentido de la autoestima. De la misma manera, unas ondas invisibles pueden extenderse por todas partes cuando vemos habilidades en los demás, sobre todo si las reconocemos abiertamente.

---

1. Las reglas básicas de este deporte son muy similares a las del fútbol americano, pero para terminar la jugada de ataque no hay que placar al jugador que lleva la pelota, sino que basta con tocarlo. *(N. del T.)*

Ve rasgos de carácter positivos

A menos que estés rodeado de holgazanes y sociópatas (¡cosa poco probable!), las personas que conoces deben tener muchas virtudes, como determinación, generosidad, amabilidad, paciencia, energía, honestidad, justicia o compasión. Tómate un momento para observar las virtudes de los demás. Podrías hacer una lista de las virtudes de las personas clave en tu vida, incluso las de aquellas que suponen un desafío para ti.

Encuentra cosas que te gusten

Las personas son como un mosaico. Por lo general, la mayoría de sus «mosaicos» son positivos, si bien algunos son neutrales o negativos. Con el tiempo, nos acostumbramos a lo que es positivo y gradualmente desconectamos de ello. Mientras tanto, lo negativo pasa a un primer plano y destaca. Puedes observar que pasa esto incluso con aquellas personas a las que quieres. Hace algunos años, me di cuenta de que estaba actuando así con mi esposa, por lo que comencé a buscar deliberadamente cosas que me gustaran de ella (es genial, ¡así que no me costó mucho!). Esto me hizo feliz y fue bueno para nuestra relación.

Pruébalo tú mismo con amigos y familiares, compañeros de trabajo, incluso desconocidos en un restaurante. Tal vez puedas decir que tienen buenos modales, amabilidad con los niños, una pasión intrépida por causas condenadas al fracaso o un sentido del humor peculiar. ¿Te pueden gustar estas cosas de ellos?

Luego, como desafío, inténtalo con alguien que te resulte problemático, como un familiar entrometido o una persona frustrante en el trabajo. No estás ignorando lo que no te gusta; de hecho, ver lo bueno de esa persona puede hacer que interactuar con ella resulte menos estresante, lo que ayuda si tienes que hacer frente a algún problema.

En general, ver lo bueno en los demás ofrece una poderosa lección: que gran parte de cómo experimentamos la vida se basa en lo que vemos en ella, y que tenemos el poder de ver mucho de lo bueno… por nuestro propio bien y por el de los demás.

16

Aprecia sus deseos
más profundos

Para mi tesis doctoral, grabé en vídeo a veinte pares de madres e hijos pequeños, y analicé lo que sucedía cuando la madre ofrecía una alternativa a un deseo problemático («El cuchillo afilado no, cariño. ¿Qué tal si juegas con estos cucharones?»). Cientos de horas con los ojos borrosos más tarde, descubrí que ofrecer alternativas reducía las emociones negativas en los niños y aumentaba su cooperación con los padres.

Me alegró este resultado, como padre primerizo y como alguien desesperado por terminar el doctorado. Obviamente, los niños –y también los adultos– quieren obtener lo que desean de los demás. Pero es más importante saber que los demás realmente reconocen nuestros deseos y, lo que es más importante, que quieren satisfacerlos.

Considera cualquier relación importante: alguien en el trabajo, un amigo o un miembro de la familia. ¿Qué se siente cuando malinterpretan tus objetivos, tus intenciones o tus peticiones? ¿O, peor aún, cuando aparentemente no les importa sencillamente *entender* qué es lo que te gustaría, qué te importa, qué es importante para ti?

¡Ay!

Dale la vuelta. Cuando reconoces los deseos más profundos de los demás, es más probable que se sientan comprendidos. Y resulta más fácil pedirles que hagan lo mismo por ti.

Un aspecto clave de esto es ver sus buenas intenciones subyacentes. En una ocasión en la que me estaba moviendo apresuradamente por un aeropuerto, me detuve para comprar agua. En la nevera de la tienda había un hombre agachado, metiendo botellas dentro. Estiré el brazo por encima de él y saqué una que acababa de poner. Levantó la vista, dejó de trabajar, cogió una botella de otro estante y me la alargó mientras decía enérgicamente: «Ésta está fría». Por unos segundos pensé que me estaba diciendo que había hecho algo mal. Entonces entendí que estaba tratando de ser servicial: se había dado cuenta de que había comprado una botella a temperatura ambiente y se preocupó lo suficiente como para cambiarla por una fría. De una manera sencilla, me estaba deseando lo mejor. Le di las gracias y cogí la que me ofreció. Era sólo una botella de agua. Pero me sentí conmovido por sus buenas intenciones.

Puede ser difícil reconocer en los demás los buenos deseos. El cerebro reacciona ante la novedad, por lo que tiende a ignorar las muchas intenciones positivas que impregnan la mayor parte de la vida diaria y en cambio destaca las ocasionales intenciones negativas.

Así pues, tienes que *buscar* activamente las intenciones y los deseos positivos subyacentes en los demás. Entonces los encontrarás a tu alrededor.

Cómo

Busca los deseos más profundos, presentes mucho más allá de la superficie, de un amigo o un desconocido. Puedes encontrar un deseo de placer, un compromiso con los demás, una prioridad en la seguridad, un deleite en la vida, una valoración de la autonomía o una necesidad de amor.

Mírate a ti mismo y encontrarás muchos de los mismos anhelos. Son tan poderosos y preciados para la otra persona como lo son para ti.

En el fondo, la mayoría de los deseos son positivos. Los *medios* para estos fines pueden estar equivocados, pero los *fines* fundamentales en sí mismos suelen ser buenos. Incluso los comportamientos más horribles pueden ser esfuerzos equivocados para conseguir cosas positivas como placer, estatus o control. Por supuesto, reconocer las buenas intenciones subyacentes no justifica el mal comportamiento.

Si lo deseas, considera algo que hayas hecho y de lo que te arrepientas. ¿A qué objetivos positivos intentaban servir tus acciones? ¿Cómo te sientes reconociéndolo? Ver los buenos objetivos que subyacen a las malas acciones puede suavizar la actitud defensiva y ayudar a que una persona encuentre el arrepentimiento oportuno y tenga una mayor determinación para hallar mejores formas de perseguir esos objetivos.

Cuando hables con amigos, sé consciente de sus deseos más profundos. ¿Qué se siente al reconocerlos? Inténtalo de forma rutinaria con aquellas personas que te importan. Hacerlo te ayudará a entenderlas mejor y a sentirte más cerca de ellas. También puedes buscar motivaciones positivas en personas que no conoces. Verás esfuerzos por hacer un buen trabajo, lealtad a amigos y causas, juego limpio, amabilidad y muchas otras cosas buenas.

Inténtalo con personas que te resultan complicadas. Trata de ver sus deseos más profundos, por debajo de lo que te ha molestado o te ha hecho daño. Cuando reconozcas sus objetivos positivos subyacentes, es posible que puedas encontrar formas menos dañinas a las que la persona podría recurrir para cumplirlos.

Hay un rescoldo de bondad en cada uno de nosotros, incluido aquel que se mira en el espejo. Reconocer las intenciones positivas sopla sobre ese rescoldo y lo ayuda a convertirse en una llama cálida y hermosa.

17

Sé bondadoso

Podemos ser amables y bondadosos de muchas maneras: abriendo una puerta a un desconocido, con un saludo amistoso, una mirada cálida o una sonrisa, o invitando a otra persona a hablar en una reunión, por ejemplo. Compasión significa que no queremos que otros seres sufran, y amabilidad significa que queremos que sean felices.

Con bondad, nos acercamos al mundo en lugar de retirarnos de él, lo cual, como han demostrado los estudios, se asocia con un estado de ánimo positivo, optimismo realista y éxito. Como hemos visto en la primera parte, la bondad hacia uno mismo te permite mantener la bondad hacia los demás. La bondad conmigo es bondad contigo, y la bondad contigo es bondad conmigo, en una hermosa espiral ascendente. Lo contrario también es cierto: hacerte daño a ti mismo hace daño a los demás, y hacer daño a los demás te hace daño a ti, en una dolorosa espiral descendente. La bondad neutraliza la mala voluntad, el deseo de que los demás sufran. Alienta a otras personas a ser menos precavidas o reactivas contigo, ya que estás respondiendo a la antigua pregunta –¿amigo o enemigo?– con la mano y el corazón abiertos.

Cómo

A veces, puede que no sientas que sea posible, auténtico o apropiado ser bondadoso, como con alguien que te está atacando o podría malinterpretar tu bondad. Por el contrario, podemos ser bondadosos con todo tipo de personas, incluidos los amigos más íntimos y los desconocidos, los compañeros de trabajo y los familiares políticos, los bebés y los jefes. Podemos ser bondadosos con los animales no humanos, incluso con la Tierra misma.

Las personas tienen diferentes estilos, y eso está bien. La bondad y amabilidad áspera de mis familiares de Dakota del Norte es diferente de la bondad y amabilidad sensiblera de mis amigos terapeutas de California, pero el corazón es el mismo.

Estate por ellos

Por lo general, tendemos a estar bastante preocupados por nosotros mismos. La bondad cambia ese enfoque, al menos por un tiempo, hacia otras personas.

Hace algunos años, me invitaron a dar un discurso de apertura en un congreso con la audiencia más numerosa a la que me había enfrentado. Sería un gran paso adelante para mí. Las otras conferencias las iban a dar psicólogos legendarios, y tenía miedo de no estar a la altura. Estaba nervioso. Muy nervioso.

Me senté en la parte de atrás de la sala esperando mi turno, preocupado por cómo me veía la gente. ¿Pensarían que soy un gran impostor? Pensé en diferentes formas de lucir espectacular y conseguir su aprobación. Mi mente se fijó en yo, yo, yo. Yo estaba abatido.

Buscando una distracción, vi una revista que alguien había dejado en una silla cercana. La cogí y encontré una entrevista con el Dalái lama. Hablaba sobre la felicidad de desear el bien a los demás y estar a su servicio. Me resultó inspiradora y sentí una ola de tranquilidad cuando dejé de obsesionarme con «yo» y simplemente me basé en el sentimiento de querer ser útil.

Así pues, di mi conferencia y me centré en aquello que podría resultar útil para las personas que estaban escuchando en lugar de en qué imagen estaba transmitiendo. Me sentí mucho más relajado y en paz, y, para mi sorpresa, la gente se puso de pie para aplaudirme. Más tarde, me reí de la contradicción: para conseguir la aprobación, deja de buscarla; para cuidarte, cuida a los demás.

Cultiva la bondad

La bondad es natural. Aun así, puedes fortalecerla como un rasgo dentro de ti. Podrías recordar un momento en el que fuiste particularmente bondadoso con alguien y ser consciente de los sentimientos y las actitudes que tuviste hacia esa persona, y lo que le dijiste y le hiciste; deja que la sensación de todo esto te empape, convirtiéndose en una parte de ti. Con otros, puedes desarrollar la costumbre de inclinarte un poco hacia adelante, en lugar de hacia atrás; destensar y abrir el pecho, la cara y los ojos, e inspirar y espirar buena voluntad.

Trata de pensar para ti cosas como ésta: «Sé feliz», «Vive tranquilamente», «Procura estar sano», «Busca el éxito», «Encuentra el amor que anhelas», etc. Junto a estos pensamientos, invita sentimientos de cordialidad y amistad; ten la sensación de abrir tu corazón. Explora cómo se sienten los diferentes aspectos de la amabilidad, como ser considerado, servicial, generoso, amigable, cortés, bien intencionado, humano, compasivo, elogioso o cariñoso. Sé consciente de cómo estos aspectos bondadosos pueden sentirse satisfactorios y agradables, lo que te ayudará a conectar el rasgo de la bondad con tu sistema nervioso.

Si quieres, puedes dedicar un rato a esto como una meditación, comenzando con alguien con quien fácilmente te sientas bondadoso. A continuación, explora los buenos deseos hacia personas que te resultan más neutrales, como un compañero de trabajo con el que casi no tienes relación o un vecino del barrio. Finalmente, mira si puedes brindar bondad genuina a alguien con quien te resulte difícil; es posible que veas que esto realmente te ayude a sentirte menos estresado o molesto con esa persona, y más eficiente en las acciones que decidas tomar. Termina la meditación con una sensación general de cordialidad y benevolencia simplemente como una forma de ser aplicada a todo el mundo.

En general, ten en cuenta que tu bondad va más de ti que de otras personas, más de cómo te aproximas al mundo que de lo que encuentras allí.

Exprésala deliberadamente

Busca oportunidades para pequeños actos de bondad en la vida cotidiana. A menudo, sólo ofrecerás una sonrisa, un apretón de manos o un asentir con la cabeza, pero basta con esto. Tal vez esta oportunidad consista en conceder unos minutos de conversación. O un abrazo de buenos días o un beso de buenas noches. O una pizca extra de cordialidad en un correo electrónico.

Puedes esforzarte sin salirte del rango de lo que te parece genuino. Recuerda que la bondad no es acuerdo ni aprobación. Puedes ser bondadoso con las personas sin dejar de perseguir tus propios objetivos, incluso si éstos son diferentes a los suyos. Puedes desear lo mejor a los demás sin dejar de tener problemas con ellos.

Considera a las personas que están cerca de ti. Por ejemplo, después de haber trabajado con parejas durante muchos años, me resulta doloroso ver con qué frecuencia la amistad básica es una víctima en una relación a largo plazo. Considera ser más bondadoso con tus padres, tus hermanos o tus hijos, si tienes. Una vez más, resulta sorprendente la facilidad con la que puede verse desplazada de nuestras relaciones más importantes por los quehaceres cotidianos, los pequeños enfados y heridas, o el agotamiento por trabajar demasiado. Pero fragmentos de bondad, esparcidos aquí y allá, pueden resultar absolutamente transformadores en una relación. ¡Pruébalo y verás!

Considera ser más bondadoso con aquellas personas a las que normalmente ignorarías o tratarías de manera distante, e incluso con frialdad, como los camareros de un restaurante, un conductor que te lleve al aeropuerto o una persona del servicio de atención al cliente por teléfono.

Puedes estar bajo presión y estresado, y aun así ser bondadoso. Encuentra tu cordialidad y tus buenos deseos en medio del desorden mental, como escuchar campanas en medio de la tormenta y la lluvia. Con el tiempo, tendrás una creciente sensación de *ser* bondadoso. ¡De verdad! Será de donde vienes, tu fundamento y tu inclinación natural. Observa lo que pasa cuando añades un leño tras otro para alimentar ese cálido fuego que brilla intensamente en el hogar de tu corazón.

18

No quites a nadie de tu corazón

Todos conocemos alguna persona que es, bueno, desafiante. Puede ser un supervisor mandón, un amigo agradable pero excéntrico, un compañero de trabajo que es francamente un dolor de cabeza o una pareja con la que estás atravesando un mal momento. Curiosamente, para que las buenas relaciones sean nutritivas para nosotros como seres humanos, debemos estar tan vinculados a los demás que algunos de ellos nos pueden poner nerviosos. Entonces es natural cerrarnos a ellos, a menudo con dolor, resentimiento o desprecio. ¿Pero cuáles son los resultados?

Cerrarse a ellos hace que nos sintamos tensos y contraídos, y nos prepara para ser más reactivos desde el punto de vista emocional, lo que podría empeorar las cosas.

A veces tienes que colgar el teléfono, bloquear a alguien en Facebook o quedarte en un hotel cuando visitas a algún familiar. En situaciones extremas, puede llegar a ser necesario distanciarse por completo de otra persona durante un tiempo o para siempre. Cuídate y escucha ese conocimiento interno sobre lo que es mejor para ti. Es posible que debas apartar a alguien de tu negocio, de tu grupo de trabajo, de tu lista de fiestas navideñas… o incluso de tu cama.

Pero independientemente de los pasos prácticos que debas tomar, aún puedes preguntarte: «¿Tengo que sacar a esta persona de mi corazón?».

Cómo

Cuando abres el corazón a los demás, ¿cómo te sientes? Físicamente, ¿sientes calor y relajación en el pecho? ¿Cómo te sientes emocionalmente? Es posible que percibas una sensación de empatía, compasión y tranquilidad. ¿Cómo te sientes mentalmente, como mantener las cosas en perspectiva y tener buenas intenciones?

Siente la fuerza de abrir el corazón a los demás, de ser todo corazón, de tener un gran corazón. Paradójicamente, la persona más abierta y aparentemente vulnerable en una relación a menudo termina siendo la más fuerte.

Ten la sensación de que tu corazón es expansivo e inclusivo, como el cielo. El cielo permanece abierto a todas las nubes y no se ve perjudicado ni siquiera por las más tormentosas. En realidad, mantener abierto tu corazón hace que sea más difícil que los demás te molesten.

Date cuenta de que un corazón espacioso sigue permitiendo la claridad sobre lo que te funciona y lo que no, así como la firmeza, las líneas rojas y la franqueza. Mahatma Gandhi, Nelson Mandela y el Dalái lama son famosos por mantener abiertos sus corazones y aun así ser *muy* efectivos con sus adversarios.

Abre tu corazón

Comprométete a tener un corazón abierto y espacioso. Comprométete a no exiliar a otros de tu círculo de compasión. Comprométete a no hacer nunca que otra persona esté «muerta para mí».

Sé consciente de cómo se siente –física, emocional y mentalmente– haber expulsado a una persona en particular de tu corazón. Sé consciente de las racionalizaciones y los motivos que la mente/cerebro reactivo arroja para justificarlo y pregúntate: «¿Son ciertos? ¿Son necesarios? ¿Son coherentes con el tipo de persona que quiero ser?». Sé consciente de cualquier dolor que hayas sufrido –o que hayas visto infligir a otros– por parte de esta persona, y ofrécele compasión al dolor.

Luego, pregúntate, dadas las realidades de esta persona desafiante, ¿cómo podrías protegerte sin tenerla que quitar de tu corazón? Por ejemplo, podría ayudar:

- Mantener cierta distancia física o emocional.
- Establecer un límite claro, como negarse a hablar cuando la otra persona está visiblemente bebida.
- Desahogarte con un amigo y sacar algunas cosas de tu pecho para que puedas liberarlas.
- Hablar con la persona desafiante, aunque sólo sea para que sepa que has dicho y hecho lo que has podido.
- Recuérdate a ti mismo que puedes tener una sensación simple y sincera de tu humanidad compartida con alguien a quien nunca querrás volver a ver.

A continuación, si estás dispuesto, explora volver a abrir tu corazón a aquellas personas que has expulsado de él. Nada cambiaría en tu comportamiento o en la naturaleza de la relación. No obstante, te sentirás diferente… y mejor.

«Nosotros», todos los «ellos»

Ahora me gustaría ver la generosidad de corazón en un contexto más amplio. Durante varios millones de años, nuestros antepasados sobrevivieron preocupándose por aquellos que formaban parte de su grupo («nosotros»), mientras que a menudo temían y atacaban a otros fuera del grupo («ellos»). Eso es mucho mucho tiempo. Posteriormente, durante los últimos diez mil años, cuando la agricultura produjo excedentes de alimentos que permitieron grupos más grandes, este mismo patrón tribal se repitió a mayor escala. En consecuencia, la mayoría de nosotros somos vulnerables a los antiguos empecinamientos de agravio y venganza, hoy en día amplificados a todo volumen por las redes sociales.

Y no es sólo en nuestras intrigas con la gente. Puedes ver el «ellos» de los demás en la rápida clasificación mental de las personas en «como yo» y «no como yo». Puedes verlo en los chismes de la oficina y en las discusiones familiares. Los del grupo y los de fuera del grupo, los despidos casuales, el distanciamiento con ira, el desdén fácil. Puedes ver cómo tu mente se mueve rápidamente para reducir a la otra persona a una figura bidimensional mientras inviertes en tu propia posición e identidad... incluso cuando esa otra persona es tu amada pareja.

Este proceso de convertir a los demás en un «ellos» está conformado por amplias fuerzas de prejuicio y discriminación que tienen una larga y dolorosa historia, y que continúan siendo institucionalizadas y promulgadas en la actualidad, tal vez experimentadas por una mujer ante un techo de cristal en el trabajo o un joven negro que oye cómo se van cerrando las puertas de los vehículos mientras camina por la acera.

En sus formas grandes o pequeñas, es probable que sepas lo que es sentirte como «ellos». Ser ignorado, descartado, utilizado, atacado o despreciado. No es bueno en absoluto.

Por otra parte, para los demás, «nosotros» es ver lo que tenemos en común: reconocer que todos *nosotros* deseamos el placer y tememos el dolor, que todos sufrimos y morimos, que algún día cada uno de nosotros será separado de una manera u otra de todo y de todos aquéllos a los que amamos. Al ver este hecho y las formas profundas en las que todos somos iguales, puede aliviarse en el cuerpo una tensión recelosa. Entonces verás a los demás más claramente y serás más eficiente a la hora de tratar con ellos, incluso con aquéllos a los que te opones ferozmente. Y cuando no te sientes innecesariamente amenazado, es menos probable que te estés amenazando a ti mismo innecesariamente.

A medida que vas avanzando a lo largo del día, reconoce las similitudes entre tú y los demás. Por ejemplo, cuando veas a alguien a quien no conoces, tómate unos cuantos segundos para mirarlo de verdad y hacerte una idea de él: «Sí, es como yo... Le duele espalda igual que a mí... Quiere a sus hijos tanto como yo... También ha sentido alegría y tristeza». Inténtalo en particular con personas que parezcan muy diferentes a ti y con personas que pertenezcan a grupos de los que puedas desconfiar o a los que puedas temer o desagradar. Observa cómo te sientes llevando a cabo esta práctica: probablemente te abra el corazón y te tranquilice.

Podrías imaginar una especie de círculo de «nosotros» que te incluye a ti y a otros que obviamente son como tú. Luego, amplía progresivamente este círculo para incluir a más y más personas que al principio parecen diferentes a ti, pero con las que puedes reconocer similitudes (por ejemplo, como yo, tú quieres ser feliz). Sigue ampliando el círculo para incluir a las personas que te han hecho daño a ti o a otros, sabiendo que no tienes que aprobarlos para reconocer nuestra humanidad compartida. Tómate el tiempo necesario para hacerlo, recurriendo a la compasión por ti mismo y por los demás, y expande el círculo sólo cuando te sientas leal y justo contigo mismo. Sé consciente de un ablandamiento en ti mismo mientras lo haces, de una liberación de la actitud defensiva y la rectitud, de una ampliación de tu perspectiva. Fíjate en cómo te sientes haciéndolo y disfruta de ello.

de esta manera es como se construyen puentes entre nosotros, se amplían los círculos y podemos vivir juntos en paz.

19

Confía en el amor

El amor en todas sus formas es como el aire. Puede ser difícil de ver, pero está en ti y a tu alrededor. La vida cotidiana está repleta de momentos de cooperación y generosidad, incluso entre completos desconocidos. Muchos científicos creen que el amor –definido ampliamente para incluir la empatía, la amistad, el altruismo, el romance, la compasión y la bondad– ha sido la principal fuerza impulsora que hay detrás de la evolución del cerebro durante los últimos millones de años.

El estado de reposo de tu cerebro –su «hogar» cuando no está estresado, siente dolor o se siente amenazado– fomenta una sensación de amor. No obstante, es muy fácil dejarse llevar por algo tan pequeño como un comentario crítico en una reunión de negocios o un ceño fruncido durante una cena. Entonces pasamos a una especie de «sinhogarismo» interior, atrapados en el miedo o la ira que deja atrás el amor. Transcurrido un tiempo, esta situación puede llegar a convertirse en la nueva normalidad y entonces llamamos «hogar» al «sinhogarismo», como olvidar la riqueza del aire que tendríamos a nuestra disposición si sólo respiráramos profundamente.

Así pues, tenemos que volver a casa para amar. Puedes reconocer y tener confianza en el amor de tu propio corazón, que te dará energía y te protegerá, aun cuando debas ser asertivo con los demás. Puedes ver el amor de los demás y tener fe en él, aun cuando está velado o se manifiesta de manera problemática. Puedes confiar en el amor que está tan presente como el aire y confiar en el amor que es tan natural como el respirar.

Cómo

Tómate un respiro. Observa lo disponible que está el aire, cómo puedes confiar en él. Nota la sensación de poder confiar en el aire.

Entonces piensa en alguien que te quiera. *Siente* la realidad de este amor, aunque sea, parafraseando al psicólogo John Welwood, un amor perfecto que fluye a través de una persona imperfecta. ¿Puedes sentir tu respiración y tu cuerpo relajándose, mientras confías en el amor de esta persona por ti? ¿Puedes sentir que tus pensamientos se calman, tu estado de ánimo mejora y tu corazón se abre a los demás? Deja que se aposente, que confiar en el amor te hace sentir bien y te recarga. Inténtalo de nuevo con otras personas que te quieran.

Piensa en alguien a quien tú quieras. Siente la realidad de tu amor; sé consciente de que eres capaz de querer. Como en el párrafo anterior, absorbe los beneficios de reconocer y confiar en tu amor. Inténtalo con otras personas a las que quieras.

A medida que transcurra el día, ábrete a tu propio amor en diferentes situaciones. Podrías hacerte preguntas como éstas: «Como persona cariñosa, ¿qué es importante para mí ahora?» o «Confiando en el amor, ¿qué parece ser lo más adecuado?». Recuerda que puedes ser fuerte sin dejar de mantenerte centrado en el amor o en una de sus muchas expresiones (tales como, por ejemplo, empatía, juego limpio o buena voluntad). Si necesitas reafirmarte, ¿qué pasa cuando lo haces desde una posición amorosa?

Deja que tu amor fluya

Cuando tenía poco más de veinte años, pasé por el rolfing, una forma de trabajo corporal del tejido conectivo profundo que a veces puede liberar material emocional enterrado, y esperé con nerviosismo la quinta sesión, la que penetra profundamente en el vientre. Pero en lugar de gotas de dolor reprimido, lo que brotó fue *amor*, olas y olas de amor que mantenía inmovilizado en mi interior por culpa de la vergüenza, los miedos a la inmediatez y mis disputas con mi madre.

Me sentó fantásticamente bien dejarlo fluir libremente. El amor nos nutre y nos cura cuando se mueve por nosotros. De hecho, las heridas de no *recibir* amor se alivian y, a veces, incluso se curan al *dar* amor.

El amor es una corriente natural que surge dentro de todos nosotros. No necesita ser empujado o bombeado, sólo necesita ser liberado. Si el amor está reprimido, duele. En tus relaciones importantes, ¿estás reteniendo o diluyendo tu amor de alguna manera?

Escoge amar

Hace muchos años, mi romántica pareja comenzó a hacer cosas que me sorprendieron y me hicieron daño. No seré específico, pero fue fuerte. Después de pasar por una primera oleada de reacciones –«¡¿Qué?! ¿Cómo has podido? ¡¿Estás de broma?!»–, me tranquilicé un poco. Tenía una opción.

Para mi sorpresa, en lugar de convertirme en un felpudo o en un saco de boxeo, el amor me protegía y me alimentaba. Me mantenía apartado de las disputas y la conflictividad, y me aportaba un sentimiento de autoestima. Estaba interesado en lo que finalmente iba a hacer ella, pero de una manera extraña me daba un poco igual. Me sentía alimentado y llevado por el amor, y lo que ella hiciera no estaba en mis manos. Poco a poco, dejar de querer cambiarla e intentar quererme a mí mismo ayudó a que las cosas mejoraran.

El amor va más de que nosotros queramos que de que otras personas sean queribles. Puede resultar frustrante intentar que los demás te quieran, pero nadie puede impedir que encuentres y sientas el amor dentro de ti. Puedes elegir «querer a voluntad» y partir del extremo superior del rango de lo que está auténticamente a tu disposición. Cualquiera que sea este rango en cualquier momento de una relación, es tu decisión dónde caer dentro de él. Esto no es falso ni hipócrita; el amor que sientes es real. De hecho, elegir amar es amar dos veces: es un acto de amor invocar la intención de amar, y luego está el amor que sigue.

Deja que el amor esté allí junto con cualquier otra cosa que esté presente en tu relación con la otra persona. Hay amor... y también está el ver lo que es verdad acerca de la otra persona, de ti mismo y de las circunstancias que os afectan a ambos. Hay amor... y hay el cuidar de tus propias necesidades en la relación. El amor primero, y lo demás seguirá.

Si estás metido en una situación realmente mala –como, por ejemplo, un problema crónico de salud o una pérdida dolorosa–, ¿qué puedes hacer cuando no hay nada que puedas hacer? Siempre puedes encontrar a alguien a quien querer.

Ve amor en los demás

Puedes sintonizar con el amor de los demás, sin importar lo nublado que estés por tu propio sinhogarismo interior, tu propio miedo o tu propia ira, como ver una fogata distante a través de los árboles. Siente el anhelo de las personas de estar en paz en sus relaciones y de dar y recibir amor. ¿Qué pasa en una relación complicada cuando te mantienes en contacto con esta capacidad y este deseo de amor que tiene la otra persona, aunque este deseo esté reprimido? Ten en cuenta que puedes sentir el amor de los demás *y* ser claro y directo acerca de tus propios derechos y necesidades.

Confiar en el amor no significa asumir que alguien te amará, sino tener confianza en la naturaleza amorosa subyacente de cada persona y en el poder saludable de tu propio amor para protegerte y tocar el corazón de los demás.

Siéntete vivido por el amor

Fundamentalmente, puedes sentirte vivido por el amor. El amor como una corriente, un manantial, una surgencia que te mantiene a flote y te lleva consigo. La bondad, la compasión y otras formas de amor pueden ser el movimiento central de tu vida. Tanto en la meditación como en las actividades cotidianas, trata de sentir que estás inhalando amor y exhalando amor. Incluso puedes sentir que el amor te está inspirando y espirando… tal vez pensando en voz baja: «inspirando amor…, espirando amor…».

Pon los pies sobre la tierra. Si hoy vivieras el amor en tu primer encuentro con otra persona, ¿cómo serías, qué harías, cómo hablarías? ¿Cómo sería una semana, un año, en el que fueras vivido por el amor?

El amor nos llevará al hogar.

Tercera parte

Estate en paz con los demás

20

Tómatelo como algo menos personal

Imagina que tú y un amigo estáis navegando en una canoa en un río con una corriente suave. Vais vestidos con ropa elegante porque tenéis un pícnic dominical. De repente, se produce un GOLPE fuerte en el costado de la canoa y vuelca. El agua está fría y sales empapado y temblando. ¿Qué ves? Dos adolescentes se están riendo de ti porque se han acercado sigilosamente y te han tirado al río. ¿Cómo te sientes?

Ahora imagina nuevamente este mismo escenario: el amigo y la canoa, la ropa elegante y el pícnic, el GOLPE fuerte y ser arrojado al río helado. ¿Qué ves cuando te levantas farfullando? Esta vez, en cambio, un enorme tronco sumergido se ha estrellado contra tu canoa. ¿Cómo te sientes?

¿Y cuál es la diferencia sobre cómo te sientes en los dos escenarios?

En el segundo caso, el golpe, el agua fría y el pícnic echado a perder son lo mismo que en el primer caso, pero no te lo tomas como un tema personal. Puedes sentirte estresado e irritado sin necesidad de personalizar nada. Es simplemente una situación desgraciada a la que te enfrentas y de la que aprendes. No reflexionas sobre el significado del tronco.

La mayoría de las personas que se topan con nosotros son como troncos. Lo que dicen y hacen se puso en marcha por muchísimas causas y condiciones impersonales aguas arriba de donde nos encontramos, como su historia personal y las fuerzas externas de la sociedad.

Necesitamos hacer frente a sus impactos sobre nosotros, pero sufriremos menos y seremos más eficientes si nos lo tomamos de manera menos personal.

Por ejemplo, crecí en Los Ángeles y he conducido muchos kilómetros con un buen historial de seguridad. Mi esposa, Jan, es una conductora *muy* cautelosa y prefiere que conduzca yo por la autopista. A menudo solíamos rodar a una velocidad muy constante manteniendo una distancia prudencial con respecto al automóvil que teníamos delante… y aun se agarraba a la puerta del copiloto hasta que los nudillos se le ponían blancos y con el pie pisaba un pedal de freno imaginario mientras me exigía bruscamente que redujese la velocidad.

Me lo tomaba como algo personal.

Mis padres fueron cariñosos, pero bastante críticos en varios sentidos. Aprendí a conducir con mi padre y fue bastante serio al respecto. Así que, muchos años después, era propenso a sentirme culpado y regañado injustamente, incluso sobre mi manera de conducir.

Después de varios asaltos de discusiones con mi esposa (que nunca terminaron bien), comencé a pensar en ello. ¿De verdad estaba conduciendo de manera peligrosa? No. ¿Tenía que creerme lo que me decía? No de nuevo. Por otro lado, ¿podría tener compasión por ella? Sin duda, sí. Es alguien a quien amo, y no quiero molestarla por llegar a algún lugar cinco minutos antes. ¿Podría reconocer algunos de los factores que hay detrás de sus reacciones *que no eran por mí*, como la poca experiencia en la autopista, la percepción no muy buena de profundidad o una columna vertebral vulnerable que claramente debe evitar cualquier tipo de accidente? ¡Evidentemente! En otras palabras, ¿podría ver las cosas de manera más impersonal y centrarme sólo en lo que mejoraría nuestra situación? Estas reflexiones me ayudaron a procurar conducir más despacio cuando ella viaja en el automóvil. No siempre lo hago cuando conduzco solo, pero seguro que ha ido muy bien para nuestra relación.

Cómo

Cuídate

Cuando estamos cansados, estresados o hambrientos, es mucho más fácil sentirse sobrecargado, acosado u ofendido. Por otro lado, *cuanto mejor te cuides como persona, menos te tomarás las cosas como algo personal.* Cosas simples como dormir lo suficiente y encontrar algo de lo que disfrutar cada día pueden suponer una gran diferencia. Entonces es menos probable que lo que hacen los demás se sienta como una ofensa personal.

En particular, tenemos una profunda necesidad natural de sentirnos comprendidos y apreciados por los demás. Durante la infancia, esta necesidad es intensa, y si hubo un déficit en estos «suministros sociales» por parte de tus padres, tus hermanos y otros niños, te quedas con una especie de agujero en el corazón (esto ciertamente me pasó a mí). Luego, en la edad adulta, podrías ser propenso a sentirte incomprendido, excluido o menospreciado. Tal vez sea cierto que la otra persona realmente te maltratara, pero es muy fácil reaccionar de forma exagerada y tomarlo dolorosamente como algo personal.

Para ayudarte a ti mismo con esto, busca deliberadamente experiencias de sentirte querido y valorado, e internalízalas. Poco a poco, sinapsis a sinapsis, realmente puedes llenar ese agujero en tu corazón. Luego, cuando otros aterricen sobre ti, sentirás que tienes un gran amortiguador dentro. Siguen haciendo lo que sea que estén haciendo, pero ahora puedes ver que va más de ellos que de ti.

Reconoce suposiciones sobre los demás

Una idea clave de la psicología es que habitualmente *atribuimos* características a los demás, como una actitud hostil o la intención deliberada de hacer daño. A veces, estas atribuciones son incorrectas o exageradas, o simplemente forman parte de un panorama mucho más amplio.

Piensa en un enfado reciente con alguien o en una relación que te resulte complicada. ¿Qué características le has atribuido a la otra persona, aunque sea de manera automática? ¿Has «transferido» la forma en la que la gente te ha tratado en el pasado a esta otra persona, por ejemplo, pensando que es como tu madre o tu padre, o como algún entrenador o algún jefe horrible que alguna vez tuviste?

Un ejercicio sencillo pero poderoso consiste en crear dos columnas en una hoja de papel. En el lado izquierdo, enumera algunas atribuciones clave sobre alguien; en el lado derecho, y para cada atribución, enumera todas aquellas cosas que no sean del todo ciertas. Por ejemplo, en mi caso podría haber enumerado que mi esposa era «mandona» mientras yo estaba conduciendo, además de que estaba actuando como mi padre criticón. Entonces, en la columna de la derecha, escribiría que en realidad sólo se sentía asustada y que, en general, es cariñosa y agradecida.

Nuestras atribuciones suelen ser rápidas, dogmáticas y estar expectantes en el fondo de la mente. Resulta liberador tomar conciencia de ellas. Puedes decidir qué es cierto de verdad… o qué no lo es.

En particular, reaccionamos con fuerza a las *intenciones* que atribuimos a los demás, incluidas sus motivaciones, sus valores y sus objetivos. Piensa en los niños que se gritan los unos a los otros «¡Lo has hecho a propósito!». Pero la mayor parte del tiempo sólo somos actores secundarios de los dramas de otras personas, dándonos de bruces con un mal día suyo. Incluso aunque haya habido alguna intención consciente detrás de lo que te ha hecho, bien podría ser una reacción menor y pasajera y no parte de un plan amplio para atacarte y hacerte daño. Y puede tener otras intenciones hacia ti, incluidas las buenas. Sin negar lo que es realmente cierto sobre el comportamiento deliberado de otra persona, intenta decirte cosas como éstas:

- «En el fondo, tus motivaciones son básicamente buenas».
- «Has actuado de esta manera problemática porque en el fondo quieres _____».
- «Me has provocado y me has alterado, y, sí, has actuado mal, pero no es porque tengas una gran agenda elaborada para hacerme daño».

- «Mmm, he malinterpretado qué me has querido decir y por qué lo has dicho, y puedo apreciar que tenías la intención positiva de _____».
- «Cuando sientes ansiedad, te vuelves controlador, pero puedo entender que esto surge de tu miedo y no como una crítica hacia mí; además, la mayor parte del tiempo no tienes esta ansiedad».

Sé consciente de qué vas a hacer

Tomarte las cosas de manera menos personal *no* significa que tengas que dejarte maltratar o que abusen de ti. Puede pasar que alguien te haya atacado deliberadamente. Incluso puede formar parte de un patrón social más amplio de prejuicio y discriminación. Como hombre blanco cisgénero y heterosexual, he tenido la ventaja de poder evitar los sesgos que atacan y perjudican a tantos otros. Aun así, tal vez como también te ha pasado a ti, me han mentido, me han engañado, me han robado y me han traicionado. Es real. Duele, da miedo y es algo a lo que tienes que enfrentarte.

Como ya hemos visto, puedes sentir compasión por ti mismo, encontrar una sensación de fuerza tranquila y saber que tu propio valor es independiente de esa otra persona. Podrías entrar en contacto deliberadamente con experiencias que supongan una especie de antídoto o de bálsamo, como, por ejemplo, recordar a alguna persona que te elogió cuando tu trabajo fue criticado injustamente en una reunión. Puedes comunicarte con un amigo para que te apoye y te ofrezca una perspectiva. Podrías llegar a un punto de vista teniendo en cuenta los motivos y otras fuerzas internas de la otra persona. Podrías hacer tu propio juicio sobre la importancia de lo que ha ocurrido, desde una ofensa menor hasta una herida devastadora. O puedes optar por hablar con esa persona, basándote en los enfoques de las partes cuarta y quinta de este libro.

Y ya sea que hables con esa persona o no, puedes saber por ti mismo cuál es tu plan a partir de ahora. Puedes ver los acontecimientos de una manera más impersonal y general, mientras te proteges y persigues tus propios objetivos. Tal vez decidas invertir más tiempo en otras amistades, terminar con una relación romántica, cambiar a otro gerente en el trabajo o simplemente mantenerte expectante mientras ves claramente qué tipo de persona es.

Es tranquilizador saber lo que vas a *hacer*. Volviendo al punto en el que comenzamos, puedes evitar ser arrojado al agua y estar más atento a los troncos en el futuro, o incluso elegir algún río diferente, todo ello tomándote las cosas de manera menos personal.

21

Abandona la guerra de tu cabeza

A veces nos vemos atrapados en pensamientos y sentimientos hostiles, resentidos e incluso vengativos hacia otra persona. En la mente, es como si hubiéramos ido a la guerra con ellos. No hay bombas ni misiles, sino un conflicto crónico y sentimientos de ira. Podrían ser dos amigos discutiendo sobre un proyecto, una pareja que se acerca a una ruptura o unos padres divorciados que continúan discutiendo durante las vacaciones. Podría ser una guerra fría de comportamiento cortés, silencios fríos y bullicio silencioso. En mis propias guerras internas con los demás, me preocupé por volver a revivir los acontecimientos, imaginando lo que realmente diría si pudiera y deseando que los demás salieran en mi defensa. Estaba metido en una disputa. Pero sobre todo me estaba haciendo daño a mí mismo.

Cuando tenía dieciséis años, trabajé en un campamento de verano a orillas del océano Pacífico e íbamos a bucear entre los bosques de algas marinas. Una vez me puse a nadar irreflexivamente entre un matorral de algas, pensando que había agua clara justo al otro lado, pero sólo había más algas, con láminas gruesas de color naranja y enredaderas largas y fuertes que se elevaban desde el fondo del mar. Me quedé atrapado y sin aire, y comencé a sentir pánico. Luché contra las algas, golpeándolas y sacudiéndolas, lo que sólo sirvió para que me enredara más. Transcurrido no sé cuánto tiempo, una claridad se apoderó de mí y mi lucha contra las algas finalizó. La máscara de buceo estaba en mi garganta, el tubo de snorkel se me había caído de la boca y había perdido una aleta. Lentamente me fui desenredando de las algas marinas en vez de luchar contra ellas, me abrí paso hacia la superficie y finalmente vi la brillante superficie plateada del océano sobre mi cabeza y me elevé hacia ella y el preciado aire.

Sin duda tenemos que defendernos y enfrentarnos a las cosas difíciles. Pero si lo hacemos mientras aún estamos atrapados en la ira, como un nadador atrapado en algas marinas, no es bueno para nosotros ni para los demás. Una mente en guerra se siente mal, llena de irritación y miedo. El cuerpo se revoluciona, acumulando el desgaste gradual de la activación del estrés. Las percepciones y las creencias son sesgadas y defendidas. Las reacciones se intensifican y se aceleran. Todo ello puede llevar a otros a ir a la guerra contra *ti*, provocando círculos viciosos.

Cómo

Piensa en cualquier tipo de tensión o conflicto que puedas tener con alguien. Puede ser en el presente o en el pasado con alguna persona que te hace enfadar cuando piensas en ella.

Factores mentales

Independientemente de lo que la otra persona haya hecho, por muy malo que haya sido, trata de ser consciente de los *factores mentales* que pueden haberse *sumado* a la situación y te mantienen atrapado en esta lucha:

- ¿Hay recompensas emocionales, como sentirse bien o moralmente superior? Si es así, pregúntate si estas recompensas valen el precio.
- ¿Tus reacciones mantienen a raya sentimientos más suaves de dolor o tristeza? Si es así, trata de explorar estos sentimientos subyacentes con compasión, acéptalos, déjalos fluir y poco a poco procura verte menos arrastrado por la ira.

- ¿Mantener esta lucha te hace sentir con derecho a exigir cosas a los demás (por ejemplo, ahora te «deben»)? Si es así, considera lo legitimados que están tus derechos y tus necesidades sin que necesites reivindicaciones adicionales sobre los demás para justificarlos. Imagínate defender tus derechos y tus necesidades por sí mismos sin tenerlos que poner en el marco de tus quejas hacia los demás.

Guiones familiares

Considera cómo tu educación y tus experiencias vitales han moldeado tu enfoque del conflicto. En mi propia familia, mis padres discutían acaloradamente sobre los mismos temas una y otra vez, así que en realidad no tuve modelos de *resolución* de conflictos –problema muy tratado en este libro– hasta que me fui de casa y me involucré con el movimiento del potencial humano y luego la psicología clínica. En otras familias, los conflictos los puede resolver alguien que sea dominante, mientras que aquellos que deben consentir son sumisos de puertas afuera y resentidos por dentro. Durante la infancia se pueden dar patrones similares de interacción con otros niños –por ejemplo, yo tenía miedo de los acosadores en la escuela– y más adelante con otros adultos conforme avanza el tiempo.

Estas formas de relacionarse se internalizan, tanto en términos de cómo actuamos con los demás –¿discusiones sin resolución?, ¿sensación de sentirse agredido?, ¿someterse para mantener la paz?– como en cómo nos sentimos por dentro. Reconocer formas en las que podrías estar representando «guiones» familiares de tu propio entorno podría resultar vergonzoso o desalentador. Recuérdate que estamos diseñados para aprender de nuestras experiencias y que ya estás tomando un mejor camino sólo gracias a tu voluntad de ser honesto contigo mismo. El simple hecho de estar al tanto de estos guiones reduce su poder sobre ti. Se necesita tiempo para cambiarlos, y es posible que sigas pronunciando renglones tan familiares, como yo mismo he hecho repetidamente antes de darme cuenta: «¡Vaya, otra vez me estoy pareciendo mi padre con nuestros hijos!». Pero poco a poco podrás ir abandonado los viejos guiones y pasar a formas menos reactivas y más efectivas de gestionar los problemas con los demás.

Una mente calmada

Prueba este sencillo ejercicio (y siéntete libre de modificarlo para tus propios fines). Traza una línea en una hoja de papel para crear dos columnas y titula la de la izquierda «Fuerza pacífica» y la de la derecha «Mente en guerra». En cada columna, enumera los pensamientos, los sentimientos y los objetivos de cada forma de ser. Por ejemplo, la columna izquierda podría incluir «calma», «ver el panorama general», «paciencia» o «no distraerse con problemas secundarios», mientras que en la columna derecha puedes escribir «corazón excitado», «quiero que pague un precio», «obsesionado con una cosa», «bastante infeliz», «cavilar sobre un problema», «estresado», «tenso».

A continuación, haz una pausa y considera dos cosas. En primer lugar, puedes defenderte a ti mismo –y en los capítulos siguientes te mostraré cómo hacerlo– cuando estás en paz contigo mismo. ¡Alguien puede estar en guerra contigo, pero la guerra no tiene por qué invadir tu propia mente! No tienes que pelear con él dentro de ti. No tienes que dejarte invadir por la justificación y el antagonismo. Fundamentalmente, no tienes que dejarte llevar por las corrientes mentales de otras personas. Reflexiona sobre la turbulencia neurológica que subyace a tus pensamientos: la agitación increíblemente complicada, dinámica y en gran medida arbitraria de uniones neuronales momentáneamente en coherencia y luego caos y luego coherencia de nuevo. Enfadarse por los pensamientos de alguien es como enfadarse por las salpicaduras de una cascada. Trata de disociar tus pensamientos de los de otras personas. Dite a ti mismo «Él está allá y yo estoy aquí… Su mente está separada de la mía». Recuerda a alguien que encarne esta combinación de fuerza y no reactividad ante la belicosidad de los demás; imagina lo que podría pensar y sentir en tu situación y ten la sensación de cómo esta forma de ser te está penetrando.

En segundo lugar, considera lo costoso que es tener una mente en guerra tanto para ti como para otras personas, incluidos los testigos presenciales inocentes, como los niños. Cuando pienso en los errores que he cometido en esta vida, en la mayoría de ellos tenía algún tipo de conflicto mental. ¿Cuál es el bien mayor, tanto para ti como para los demás? Tal vez dejarles tener su pequeña victoria para fomentar una mayor felicidad. Haz una elección sincera para tener una mente más calmada.

Podemos reconocer la guerra dentro de nosotros mismos, en lugar de dejarnos arrastrar por las acusaciones, las posiciones, las amenazas y las recriminaciones de los demás. El mundo exterior puede no cambiar. Pero si terminas la guerra que tiene lugar en tu cabeza, te sentirás mejor y actuarás mejor, lo que también podría ayudar al mundo a cambiar para mejor.

22

Acéptalos

Lo admito: me gustaría que algunas personas fueran diferentes. Dependiendo de quiénes sean, me gustaría que dejaran de hacer cosas como dejar abiertas las puertas de los armarios de la cocina, enviarme correos electrónicos no deseados o hacer la vista gorda ante el calentamiento global. Y me gustaría que comenzaran a hacer cosas como ser más agradables y serviciales. Incluso aunque no me afecte directamente, me gustaría por su propio bien que algunas personas que me importan sean más enérgicas y menos ansiosas o autocríticas.

¿De qué manera desearías *tú* que las personas fueran diferentes? Piensa en personas cercanas a ti, así como en tus compañeros de trabajo, tus vecinos y los otros conductores en la carretera. Es normal desear que los demás fueran diferentes, de la misma manera que es normal desear que tú mismo fueras diferente (pongamos, por ejemplo, más rico o más inteligente). Está bien tratar de influir en los demás de manera hábil y ética. Pero aparecen problemas cuando nos inclinamos por buscar errores, molestias, menosprecios o cualquier otro tipo de *enfrentamiento*. En vez de ello, podríamos aceptarlos por lo que son y por lo que no son.

La aceptación significa que te «rindes» a la verdad –a los hechos, en realidad–, sin importar de qué se trata. Puede que no te guste por razones comprensibles. Por ejemplo, no me gusta el hecho de que muchos niños pasen hambre todos los días, que mi madre y mi padre ya no estén aquí y que haya hecho daño a la gente perdiendo los estribos. Pero las cosas son como son, y podemos aceptarlas sin dejar de intentar mejorarlas, siempre que sea posible. La aceptación nos conecta con lo que es verdad, que es de donde tenemos que partir para lograr una efectividad, una felicidad o una sanación duraderas.

Aceptar a las personas *no* significa estar de acuerdo con ellas, que te gusten o minimizar el impacto que tienen sobre ti. Todavía puedes tomar las medidas apropiadas. Simplemente estás aceptando la realidad de la otra persona. Puede que no te guste, puede que no la prefieras, puedes sentirte triste o enfadado por ella, pero, en un nivel más profundo, estás en paz con ella. Eso sólo es una bendición. Y, a veces, tu cambio hacia la aceptación puede abrir una especie de espacio en el que una relación puede mejorar.

Cómo

Para tener una experiencia clara de aceptación, empieza con una experiencia simple, directa e innegable, como aceptar las sensaciones de la respiración.

Durante unas pocas respiraciones, concéntrate en la sensación de dejar que la respiración sea lo que sea. Trata de decir mental y calmadamente cosas como éstas: «Acepto este levantamiento del pecho… Acepto esta caída… Este fluir hacia adentro y hacia afuera. Acepto que ahora esté respirando… Acepto el hecho de respirar ahora…». Intenta llevarlo un poco más allá: «Acepto el hecho de que este cuerpo necesita aire… Acepto que necesito respirar».

¿Cómo se siente la aceptación? ¿Qué tiene de agradable o significativo?

Acepta lo que es difícil de aceptar

Ahora intenta algo que sea difícil de aceptar, comenzando con un problema pequeño. Algunos ejemplos podrían ser: «No puedo creer que algunas personas no utilicen sus intermitentes mientras conducen», «No me gusta cómo mi compañero de piso lava los platos», «Me gustaría que mi pareja fuera menos hiperracional y estuviera más en contacto con sus sentimientos»…

Luego, de la misma manera que con la respiración, trata de mantener este hecho en un contexto de aceptación. Completa el espacio en blanco con el hecho y dite a ti mismo cosas como éstas: «Es cierto que _____», «Veo que _____», «Me entrego al hecho de que _____», «Deseo de todo corazón que _____ no fuera cierto, pero lo es», «Me rindo a que _____», «Acepto _____». Prueba si puedes suavizar la verdad de las cosas, si puedes abrirte a cómo son las cosas.

Comprende los bloqueos a la aceptación

Cuando tratas de aceptar más a los demás, es posible que te encuentres con dos bloqueos comunes.

El primer bloqueo es evitar la desilusión o incluso la desesperación que podrías sentir si realmente entendieras que alguien era de cierta manera y que es probable que siga siendo así. Recuerda que puedes tolerar estos sentimientos dolorosos cuando pasan a través de la conciencia si encuentras una aceptación más profunda de la realidad de la otra persona.

El segundo bloqueo está presionando para que pase algo que simplemente no pasará. Por ejemplo, si bien puede resultar triste afrontarlo, simplemente podría ser cierto que alguien nunca admitirá lo que ha hecho ni te dará el amor que tanto anhelas. Nuestras fortalezas, y no sólo nuestras debilidades, pueden meternos en problemas, como estar tan determinado que sigues buscando demasiado tiempo en sitios sin recompensa. Después de haberte permitido sentir una frustración y un arrepentimiento comprensibles, imagina poner tu energía allí donde hay más apoyo y posibilidades.

Acepta plenamente a alguien

Elige a una persona que sea importante para ti. (Puedes hacer esta práctica con varias personas). Mentalmente, en voz alta o por escrito, di cosas como éstas y observa cómo te sientes: «Te acepto completamente», «Innumerables causas, grandes y pequeñas, te han llevado a pensar, hablar y actuar como lo haces», «Eres quien eres», «Eres un hecho y acepto los hechos en mi vida», «Tú y yo formamos parte de un todo más grande que es lo que es, y yo también lo acepto».

Si quieres, sé más específico y nombra los aspectos de esa persona que te molestan especialmente, como, por ejemplo: «Acepto que roncas», «Siempre llegas tarde», «Dejas tu ropa tirada en el suelo», «Todavía estás enfadado conmigo», «Tienes poco interés natural en el sexo», «Estás peleando con uñas y dientes en nuestro divorcio», «Realmente no me entiendes».

Considera cómo te has podido enredar con esta otra persona, esforzándote por cambiarla. Cuando reflexiono sobre ello, me doy cuenta de mi propia agresividad, irritabilidad y dolor. Mira si puedes soltar algunos de tus propios enredos, si no todos. Ábrete a la relajación y la paz que pueden acudir cuando lo haces.

Piensa en lo mucho que te gusta cuando sientes que otra persona te acepta totalmente. Es un hermoso regalo… y podemos ofrecérselo nosotros mismos a los demás cuando los aceptamos *a ellos*. Piensa en cómo podría mejorar tu relación con alguien si esa persona sintiera que la aceptas totalmente. La aceptación es un regalo que retorna.

Es fácil aceptar hermosas puestas de Sol, premios dorados y cálidas sonrisas. Son las cosas difíciles las que son difíciles de aceptar. Así pues, es importante apreciar la paz que proviene de renunciar a la lucha.

Aún puedes hacer lo que puedas –lo que por desgracia podría ser nada– cuando te enfrentas a lo que realmente es verdad. Esto a menudo alivia los conflictos con los demás. Y en algún momento un alivio puede llegar a tu corazón, un ablandamiento y una claridad. Con una libertad honesta y duramente ganada.

23

Relájate, te van a criticar

El título de esta práctica es un poco irónico. Lo que quiero decir es que podemos pasar demasiado tiempo preocupándonos por las críticas. Sí, te esfuerzas, lo haces lo mejor que puedes, cumples las promesas, pero tarde o temprano, alguien te va a señalar los errores que has cometido. A menudo en versiones sutiles que aun así conllevan una crítica implícita, como darte consejos, ayudarte o enseñarte cuando en realidad no lo necesitas, hacerte alguna corrección o compararte negativamente con otros.

En otras palabras, la crítica es inevitable. No somos robots ni bicharracos, y es natural que las críticas resulten incómodas y, a veces, dolorosas. Pero a esa punzada que es inherente a la crítica, le tenemos que sumar los pinchazos que nos provocamos a nosotros mismos. Este «dolor adicional» –una herida autoinfligida– incluye repetir la crítica dentro de tu cabeza mucho después de que la otra persona haya seguido adelante. También nos castigamos con un dolor innecesario cuando nos preparamos para posibles críticas futuras o nos hacemos pequeños para evitarlas. ¡Pero la mayoría de las veces, la crítica no tendrá lugar! Tendemos a transferir a la edad adulta las expectativas que adquirimos de niños o de adolescentes. Tal vez experimentaste una enorme cantidad de críticas en ese período, pero es muy probable que hoy en día te relaciones con personas diferentes y, con suerte, menos críticas. Personalmente, he pasado demasiado tiempo de mi vida resguardándome o preparándome demasiado para evitar un ataque de vergüenza anticipado…, hecho que, en realidad, era muy improbable.

E incluso cuando llega la crítica, ¿será realmente la terrible experiencia que temes? Por lo general, no. Puedes aceptarla, tomar de ella lo te que resulte útil, desarrollar tus propias conclusiones sobre la persona que hace la crítica, aprender de ello y seguir adelante.

Cómo

Cuando se presenten críticas en tu camino, tómate una pausa y clasifícalas mentalmente para estar seguro de que las comprendes. Puedes ser concreto y específico, pero muchas críticas son vagas, confusas o exageradas. Cuando intentas encontrarles sentido, puedes apuntalarte pensando en las personas que se preocupan por ti y recordando algunas de las muchas maneras en que haces el bien y eres bueno.

Una vez que comprendas la crítica, puedes decidir por ti mismo qué hacer al respecto. Algunas críticas hacia ti serán totalmente erróneas, porque la otra persona está equivocada en los hechos o no tiene una visión más amplia del contexto. Tienes derecho a estar en desacuerdo con ella, aunque sólo sea dentro de tu propia mente.

Otras críticas vendrán de preferencias o valores que sencillamente no compartes. Por ejemplo, algunas personas quieren más proximidad que otras. No te vuelves más frío o pasota simplemente porque te gusta pasar más tiempo en casa que a tu pareja. Tampoco por ello tu pareja te agobiará a besos o será controladora. Sólo hay una diferencia normal en los valores; puede resultar adecuado hablar de ello con curiosidad y compasión, pero no con críticas.

También hay momentos en los que hacemos algo que realmente requiere una corrección de la destreza –a veces *he* conducido demasiado rápido y mi esposa tenía razón en que debería reducir la velocidad–, pero la crítica viene envuelta en intensidad emocional, humillación o ataque personal. Como hemos visto en el capítulo 11 («Perdónate»), va muy bien separar lo que de hecho es una falta moral de lo que es simplemente algo que hay que arreglar y de lo que aprender. Puedes optar por rechazar el «envoltorio» no solicitado que envuelve la parte realmente válida de la crítica o puedes decidir ignorarlo y centrarte únicamente en ser más diestro en el futuro.

A veces hacemos cosas que merecen un arrepentimiento apropiado. Si puedes, haz las paces, pregúntate cuánto arrepentimiento te gustaría que soportara un amigo que ha hecho lo que ha hecho y entonces mira si puedes pedir ni más ni menos de ti mismo.

Cuando sabes que eres capaz de gestionar las críticas de esta manera, no es tan terrible y puedes permitirte estar más abierto a ellas. No sentirás la necesidad de estar a la defensiva, de esquivar a otros que te critiquen o de contraatacar. No tendrás que hacer lo imposible para evitar problemas, obsesionarte ni planificar en exceso para asegurarte de no cometer errores.

Sobre todo, simplemente reconoce que la crítica en sus diversas formas y sabores es un hecho de la vida. Que así sea. Nuestra vida y este mundo tienen problemas más grandes y oportunidades mucho más grandes. Es hora de vivir con más confianza y valentía.

24

Ocúpate de tus asuntos

Una idea fundamental de la psicología social es que normalmente las relaciones desarrollan un equilibrio estable que resiste el cambio, *aunque estén cargadas de conflicto y sufrimiento*. Viví muchísimas versiones de esto cuando hacía terapia de parejas. Hay cosas de la relación que no le gustan a ninguno de los miembros de la pareja. Cada uno de ellos desea que la otra persona actúe de manera diferente en algunos aspectos. Cada uno de ellos tiene una idea bastante clara de lo que le gustaría a su pareja. Pero están bloqueados.

—Cambiaré si tú cambias –le dice el miembro A al miembro B.

—¡Seguro! Cambia tú primero –responde el miembro B.

Tendemos a pasar mucho más tiempo pensando en cómo los demás podrían tratarnos mejor que en cómo tratarlos mejor nosotros mismos. Esto se intensifica cuando hay un conflicto significativo. Nos convertimos en expertos en lo que los demás podrían y deberían hacer mejor.

Por supuesto, ellos también tienen su lista.

Aun siendo algo normal, provoca callejones sin salida, círculos viciosos y espirales crecientes en nuestras relaciones. Las cosas pueden parecer imposibles. Emocionalmente, es como marinarse en una sensación crónica de dolor y resentimiento.

La alternativa es lo que yo llamo «virtud unilateral», que significa vivir según tu propio código aunque otros no lo hagan. Pon el 20 por ciento de tu atención en lo que la otra persona podría hacer mejor… y el 80 por ciento en lo que podrías hacer mejor tú mismo. Asume la máxima responsabilidad razonable para atender los deseos y las quejas de la otra persona, sabiendo que tú decides qué significa «máxima responsabilidad razonable».

Al principio podrías pensar «¡Grrrr! ¿por qué debo ir primero? Me ha hecho mucho daño». Pero hay muchos beneficios en que tú te ocupes de tus asuntos… como consideres mejor. Inmediatamente, hay menos sensación de bloqueo e impotencia porque te centras en aquello sobre lo que tienes control –que es sobre ti mismo– en lugar de en aquello sobre lo que no lo tienes: la otra persona. No importa lo que haga la otra persona, te sientes yendo por un mejor camino y disfrutando de la «dicha de la inculpabilidad». Además, es tu mejor estrategia para que la otra persona te trate mejor, ya que reduce la temperatura emocional, aborda los problemas de la otra persona y le da menos motivos para encontrar defectos. Con el tiempo, este enfoque te situará en una posición más sólida para pedir –y si es necesario, insistir– que también responda a tus propias necesidades y deseos.

Cómo

La esencia de esto es simple: centrarse principalmente en lo que *tú* puedes hacer para mejorar la relación. En la vida, podemos «atender las causas», pero no podemos controlar los resultados. Puedes regar un peral, pero no puedes *hacer* que te dé una manzana. Pasar mentalmente de una preocupación con los demás a tu propia *checklist* de cosas por hacer hoy puede percibirse como un maravilloso alivio.

Encuentra lo que es auténtico

Esto no significa poner cara de felicidad y actuar como si todo estuviera bien si no es así. En todo momento hay un abanico de cómo podemos responder de manera auténtica a la otra persona, y la virtud unilateral significa apuntar al extremo superior de ese abanico. Por ejemplo, si has vivido cierta tensión con alguien, podrías ser cortés manteniéndote tranquilo, distante y formal. Al mismo tiempo, te ocuparías de tus asuntos y mantendrías tus acuerdos a la vez que te mantendrías al margen de luchas que no llevan a ninguna parte para lograr que la otra persona cambie.

Cuídate

Para mantenerte en el buen camino, trátate bien, incluyendo las maneras que hemos comentado en la primera parte. Ten cuidado con aquellas cosas que nublan tu mente y provocan reacciones exageradas, como dormir muy poco o beber demasiado. Mantente motivado recordando los beneficios para ti y los demás.

Cumple con tus responsabilidades

Por escrito o mentalmente, identifica tus responsabilidades con respecto a la relación. En función de la situación, pueden incluir elementos tangibles como «lavar los platos cada dos noches» o «entregar el informe de ventas semanal a las cuatro de la tarde todos los viernes». Podría haber elementos más globales o emocionales, como «estar presente en las conversaciones» o «ser comprensivo cuando estemos interactuando con los suegros». Considera las *tareas de relación,* como «reservar tiempo para nosotros» o «hacer preguntas sobre lo que el otro está sintiendo». Podrías imaginar tu «descripción de trabajo» como padre, empleado, hijo adulto de un padre anciano, cónyuge, amigo o simplemente un ser humano decente. Si bien esto puede parecer extrañamente formal, hacerlo de esta manera puede hacer que se sienta más impersonal y, por lo tanto, simplemente lo que deberías hacer, independientemente de lo bien que los demás cumplan con sus propias responsabilidades.

Vive según tu código

¿Qué te dará un sentimiento de respeto por ti mismo cuando te vayas a dormir todos los días? Éste es tu código de conducta personal. Si bien puede parecer evidente, es útil hacerlo explícito mentalmente o por escrito. Podría incluir cosas como éstas: «Dejar a los demás el mismo tiempo para hablar», «No colocarme delante de los niños», «Dejar de hablar sin parar de mis objetivos», «Ser útil siempre que pueda» o «Mantener mis acuerdos». Piensa en los momentos en que te has visto envuelto en conflictos: ¿cómo desearías haber actuado?

Aborda las quejas de los demás

Las quejas son normales. La mayoría de nosotros tenemos quejas sobre los demás. En las relaciones, las quejas de la otra persona suelen ser bastante claras y puedes preguntarle si no lo tienes claro. Sabiendo qué hay en su lista de quejas —o, si lo prefieres, en su lista de deseos—, piensa en lo que *razonablemente* podrías hacer para ocuparte de algunos, de la mayoría o incluso de todos sus puntos. Imagínate cómo sería ir resolviendo poco a poco su lista y los beneficios que supondrían para ti y para la relación.

Toma el mejor camino

Es muy bueno saber qué significa para ti la «virtud unilateral». Entonces gran parte de la vida se vuelve más clara: sencillamente haz tu trabajo, como lo defines. Puede que no sea fácil, que otros se interpongan en el camino y que tu situación siga siendo muy compleja. Aun así, puedes encontrar una sensación de paz y autoestima simplemente siguiendo todos los días tu camino.

Cuando lo hagas, verás cómo responden los demás. Tras un tiempo razonable —medido en semanas o meses, no en años—, puedes volver a evaluar la relación y decidir si deseas hablar más sobre tus propios deseos y quejas. Si lo haces, será sobre una base mucho más sólida. Y, mientras tanto, sabrás en tu corazón que lo has hecho lo mejor que has podido.

Cuarta parte

Defiéndete
de ti mismo

25

Deja ir el miedo innecesario

Es normal ser cauteloso o sentir nervios con respecto a otras personas. Por ejemplo, si alguien no está de acuerdo contigo en una reunión, es posible que te sientas incómodo y preocupado por lo que piensen los demás: ¿he sido demasiado insistente?, ¿le gusto a mi jefe?, ¿piensan que no soy muy inteligente? Imagina que ese mismo día llegas a casa y tu hijo adolescente está callado e irritable, como de costumbre. Quieres decirle que la fría distancia que hay entre vosotros te parece horrible y pretendes abrirle tu corazón…, pero te sientes incómodo, tienes miedo de empeorar las cosas, y cuando le hablabas desde el corazón cuando crecía no te fue bien, así que no le dices nada, otra vez.

Otras ansiedades sociales incluyen temores sobre tu apariencia, hablar en público, hablar con figuras de autoridad o estar cerca de personas que no son como tú. A veces estos temores están justificados. Alguien realmente podría querer presionarte, hacerte daño o aprovecharte de ti. La seguridad es nuestra necesidad más fundamental, y es vital tener una visión clara de las amenazas y ser hábil para hacerles frente. No obstante, muchos de nuestros miedos en torno a otras personas no están realmente justificados. En realidad, no les importa lo que hayamos hecho o, si les importa, es un sentimiento pasajero.

Y si te enfrentas a una amenaza real, puedes estar decidido y confiado sin sentir ansiedad. La ansiedad es algo que *se suma* a nuestras respuestas. A veces es útil, pero a menudo nubla nuestro pensamiento, agrava el sufrimiento y empeora los conflictos con los demás. Podemos tener muy poca o demasiada ansiedad en torno a otras personas. ¿Qué es más frecuente?

Es la segunda opción: la ansiedad innecesaria se ha mezclado en la salsa de la vida, haciéndola amarga.

Cómo

La ansiedad puede volverse crónica, una especie de hábito difícil de superar. Las personas incluso pueden sentir ansiedad por no sentirse ansiosas, ya que entonces podrían bajar la guardia y volver a hacerse daño. Es importante que *te des cuenta de que puedes estar alerta y ser fuerte frente a una potencial amenaza sin sentirte ansioso.*

Sé consciente de los costes de la ansiedad innecesaria (no informativa, no útil). Además de hacernos sentir mal, nos hace actuar apocadamente con los demás, reprimir lo que realmente sentimos y agachar la cabeza (o volvernos combativos). Decide en tu corazón si quieres estar libre de miedos inútiles.

Deja ir la paranoia del tigre de papel

Ayuda a entender por qué el sistema nervioso se ve tan fácilmente secuestrado por la alarma. Para mantener con vida a nuestros antepasados, la Madre Naturaleza desarrolló un cerebro que tiende a sobrestimar las amenazas y subestimar las oportunidades y los recursos para hacer frente a las amenazas y aprovechar las oportunidades. Esto es bueno para sobrevivir en condiciones de vida o muerte, pero es pésimo para el bienestar y las relaciones satisfactorias. No es culpa nuestra que estemos innecesariamente ansiosos. Pero sí es nuestra responsabilidad –y nuestra *oportunidad*– abordarlo.

Entonces, cada vez que algo te parezca amenazador –como lo que crees que podría pasar si fueras más vulnerable, emocional o asertivo con alguien– pregúntate:

- ¿Estoy sobreestimando esta amenaza?

- ¿Estoy subestimando las oportunidades?
- ¿Estoy subestimando los recursos –tanto dentro de mí como a mi alrededor– para hacer frente a esta amenaza y sacar el máximo rendimiento a estas oportunidades?

Este paso atrás para entender tu propia mente te puede ayudar de inmediato a sentirte menos ansioso.

Reconoce tus turbocompresores

Considera la vida que has tenido, especialmente tu infancia, y todo aquello que te ha resultado amenazador, aterrador e incluso traumático. ¿Cómo has aprendido a hacer frente a las amenazas y a gestionar la ansiedad? Estas lecciones podrían haber sido útiles en ese momento, pero ahora están incrustadas en tu cuerpo como turbocompresores, distorsionando tus percepciones, acelerando e inclinando tus emociones, y guiando tus impulsos y acciones. Tómate un poco de tiempo para confeccionar una lista de tus propios «turbocompresores». Cuanta más conciencia tengas de ellos, menos poder tendrán sobre ti. Puedes hablarte a ti mismo de maneras sabias como éstas: «Esto no es la escuela de secundaria», «Él no es mi padre», «Lo que me ha dicho es una crítica, pero no ha sido un ataque terrible», «No me ha rechazado del todo, aunque lo pueda parecer» o «Estos sentimientos heridos son principalmente viejos recuerdos emocionales, no basados en lo que es verdad aquí y ahora».

No tengas miedo

Piensa en alguien que sabes que se preocupa por ti y trata de decirte a ti mismo «Sé que no me vas a atacar». Encuentra la manera de hacer que la afirmación suene verdadera y luego fíjate en cómo te sientes. Vuélvelo a hacer mentalmente con esta afirmación: «Aunque me atacaras, seguiría estando bien en el interior de mi ser». Deja que la verdad de esto y los buenos sentimientos relacionados penetren dentro de ti.

Otro pensamiento: «Puedo cuidar de mí cuando estoy contigo». Deja que este pensamiento también penetre dentro de ti. Y otro: «Aunque me hagas daño, seguiré estando bien por dentro». Y otro más: «Te deseo lo mejor». Si tienes alguna dificultad con esta práctica, inténtalo con otras personas que te quieran. Aprovecha la sensación de fuerza tranquila que ya hemos explorado antes. Trata de avanzar a tientas hasta un lugar en el que reconozcas a los demás y las situaciones como realmente son, cuida de tus propias necesidades y *no añadas ansiedad innecesaria.*

A continuación, haz esta práctica recordando a un amigo… y luego hazlo con una persona neutral… y luego con alguien que suponga todo un reto para ti. Si realmente hay algo por lo que sentir ansiedad, que así sea. De lo contrario, sigue abriéndote a la experiencia de ser realista con los demás y fuerte contigo mismo, sin tener ningún miedo sin sentido.

Prueba este enfoque cuando interactúas activamente con otras personas. ¿Puedes hablar con un miembro de la familia, un amigo, una persona neutral y una persona que te supone todo un reto sin una pizca de preocupación, alarma o inquietud *innecesarias?* A medida que vayas acentuando tu sentido de ser apropiadamente intrépido con los demás, sigue dejando que esta experiencia se asiente para que conectes cada vez más con esta manera de ser.

Disfruta la sensación de libertad que comporta esta práctica, la mayor facilidad con los demás, la confianza. Observa cómo te puedes comportar de manera más relajada, paciente, abierta y afectuosa con otras personas cuando no tienes miedo.

26

Encuentra tu lugar

He estado en Nueva Zelanda varias veces y realmente la tengo en estima y me gusta. Allí aprendí una palabra maorí –*tūrangawaewae*, «un lugar en el que estar»– que ha significado mucho para mí a lo largo de los años.

Estoy seguro de que no sé el significado completo de la palabra en su contexto cultural. Pero en un nivel básico, es evidente que todos necesitamos un lugar en el que estar. Un lugar físico, para estar seguros –casa y hogar, tierra y mar, una cama donde acurrucarnos–, pero también lugares psicológicos o espirituales, tales como sentirnos queridos, un núcleo interior tranquilo y transparente, el conocimiento de los hechos, la compasión y la ética, y planes realistas. Una noción relacionada es la de *refugio:* aquellas cosas que ofrecen santuario, nutrición espiritual e inspiración. Por ejemplo, una persona podría encontrar refugio en un maestro de confianza, un cuerpo de sabiduría o una comunidad de personas de buen corazón.

Necesitamos un lugar en el que estar, incluso en las mejores circunstancias. Y los retos siguen llegando. Tal vez tu pareja acaba de enfadarte contigo o te has enterado de que un compañero de trabajo ha estado hablando mal de ti a tus espaldas. Tal vez te estés enfrentando a un problema de salud, un problema económico o una pandemia mundial. Cada vez que algo te sacude, es especialmente importante que encuentres tu lugar y te mantengas firme en él.

Cómo

Encuentra tu base instintiva

Comienza con tu cuerpo y la simple e innegable sensación de estar aquí. Las sensaciones de la respiración…, la sensación de tus pies en el suelo, tu espalda contra una silla. Cuando te pones de pie, puedes doblar un poco las rodillas y sentirte centrado y conectado a tierra. Date cuenta de que *sigues siendo:* el innovador término del pediatra y psicoanalista Donald Winnicott para la necesidad fundamental, desde la infancia, de sentir y saber que eres, que continúas. Parece muy evidente y, sin embargo, es profundamente tranquilizador.

Este sentido de ser continuo te ayuda a permanecer en el presente. Cualquiera que haya sido el pasado y sea lo que sea que te depare el futuro, todo lo que es verdad *ahora* es absolutamente cierto en el presente y no te lo pueden quitar. Trata de separar los pensamientos y temores sobre el futuro de la realidad del presente. ¿Qué es verdad ahora mismo? Probablemente muchas cosas buenas. Hay una estabilidad digna de confianza en la conciencia. Tu mente está trabajando, puedes pensar, planificar y funcionar. Aunque haya estrés y tristeza, ¿estás básicamente bien en el centro de tu ser? La mayor parte del tiempo, la mayoría de las personas están *básicamente bien en este momento.* Reconocer este hecho, una y otra vez, es muy tranquilizador y un antídoto contra la ansiedad; ésta es una de las prácticas más poderosas que conozco.

Mira a tu alrededor. ¿Qué es solidario y de confianza? Objetos físicos, como sillas y paredes, tenedores y lápices, comida y agua. Personas cercanas y lejanas, amigos y familiares, profesionales de la salud física y mental, maestros y otras fuentes de sabiduría. Nos acostumbramos a lo bueno que perdura y el cerebro desconecta de ello, así que trata de notarlo de manera deliberada y luego deja que ese notar se convierta en sentimientos de seguridad y confianza.

Ve con claridad

Para encontrar tu lugar, establece los hechos relevantes. A menos que sea una emergencia, tómate un tiempo para estar seguro de lo que ha pasado. Por ejemplo, ¿qué le has dicho realmente la otra persona? ¿En qué contexto? ¿Con qué tono e intención aparente? ¿Ha habido otros implicados, y de qué manera? ¿Cuáles son los factores regulares que podrían conducir a una repetición, como que alguien piense que en realidad no tiene que cumplir con sus acuerdos contigo?

Puede que a algunas personas no les gusten tus esfuerzos por ver con claridad, por llegar al fondo de las cosas. Puede haber muchas razones para esto, desde simplemente no querer tomarse el tiempo para hablar de ello… hasta estar a la defensiva y no querer admitir un error… hasta el engaño deliberado. Si la otra persona está acostumbrada a ser dominante en la relación, podría volverse visceral si rechazas sus negaciones y distracciones. Aun así, puedes abrir tu corazón con compasión mientras cierras tu cabeza a aquellos que podrían estar tratando de meterse en ella para confundirte o intimidarte.

Si el problema no es tan importante para ti y puedes darte cuenta de que presionar a favor de la claridad generará un coste en tu relación que simplemente no vale la pena, entonces puedes retirarte. Por otro lado, puedes decidir que la incomodidad de la otra persona no es en sí misma un motivo lo suficientemente importante como para no tener claro algo que importa.

Por ejemplo, he trabajado con numerosos profesionales, incluidos fontaneros, electricistas, abogados y médicos. Todos ellos tenían buenas intenciones. A veces decían que algo era cierto o una prioridad, y no tenía sentido para mí, así que trataba de averiguar más. Mi esposa podría poner los ojos en blanco… y a veces el profesional también. No obstante, seguiría preguntando educadamente. La mayoría de las veces, aclaraban que lo había entendido mal de alguna manera. Pero tal vez una de cada veinte veces, mis preguntas sacaban a la luz algo importante.

Si tienes un sentimiento raro acerca de algo, confía en él. Sí, a menudo no podemos averiguar hasta el último detalle. Pero por lo general puedes tener una buena idea de lo que ha pasado y podría volver a pasar.

Haz un plan

Saber lo que vas a *hacer*, al menos el próximo paso, es tranquilizador. Puede ser algo simple y concreto, como que vas a colgar un calendario en la nevera para anotar las cosas que planificáis en pareja. O podría ser más general y de mayor alcance, como decidir separarse poco a poco de una relación.

El propósito de un plan es lograr objetivos concretos. Con esta persona, en esta relación, ¿qué es lo que más te importa? ¿Cuáles son tus prioridades, tus valores relevantes? ¿Qué te preocupa? ¿Cuál crees que es tu deber para con los demás y contigo mismo? En efecto: ¿cuál es tu porqué?

Cuando estés tratando de encontrar tu terreno, puede ser útil pensar en:

- **Tu práctica personal.** ¿Cómo puedes proteger y fortalecer tu propio bienestar y funcionamiento? Ésta es la base de todo y además es lo que más está bajo tu control directo. Por ejemplo, podrías comprometerte a pasar cada día un poco más de tiempo meditando, queriendo a los demás y dando gracias. ¡Éste es un buen plan! También puedes decidir desconectarte de las interacciones, las personas o los medios que aportan poco valor y se sienten estresantes.
- **Proteger tus propios intereses.** ¿Estás en peligro inmediato? Es un hecho triste que la violencia doméstica sea un lugar común en todos los sectores de la sociedad. Si alguien te ha maltratado o podría hacerlo física o emocionalmente, la recomendación estándar es hablar con un profesional sobre esto antes de intentar abordarlo con la otra persona. O tal vez formes parte de una organización y estés tratando con un supervisor mediocre o un compañero de trabajo conflictivo; si es así, tu plan podría incluir compilar pruebas documentales de tus inquietudes y bus-

car aliados y mentores… y tal vez buscar un mejor trabajo en otro lugar. Echa un vistazo a tu salud, las finanzas y los preparativos para una emergencia; al principio puede parecer abrumador, pero puedes redactar una lista de acciones prudentes e irlas revisando día a día.

- **El bien de los demás.** Tal vez un maestro no sea sensible a las necesidades particulares de tu hijo, por lo que tu plan puede ir desde simplemente terminar el curso hasta tratar de cambiar a otra escuela. O tu madre ha sufrido un derrame cerebral y tu plan consiste en encontrar un nivel más alto de atención domiciliaria para ella.

En tu planificación y en las acciones que siguen, céntrate en aquello que se encuentra bajo tu control. Confecciona una lista y trabájala. No hay reemplazo para una acción efectiva. Desde mi experiencia como terapeuta, muchas personas saben lo que deben hacer, pero sencillamente no lo hacen. Da un paso, mira a tu alrededor y da otro paso. Sigue avanzando. La acción alivia la ansiedad.

Ten en cuenta no estás solo. Sea lo que sea a lo que te estés enfrentando, desde una pelea con un compañero de piso hasta un problema con un hijo o una profunda preocupación por tu país, en este preciso momento otras personas también se están enfrentando a esto mismo o a algo similar. Te preocupas por la gente, y la gente se preocupa por ti. Vivimos en una red de relaciones, aunque de alguna manera esté hecha jirones. Puedes sentir una camaradería con otros que también están conmovidos y tratando de encontrar su propio lugar.

27

Utiliza la ira;
no dejes que te utilice

La ira es engañosa. Por un lado, la ira (sentirse irritado, resentido, harto, enfadado, indignado o enojado) nos alerta sobre amenazas reales, heridas y errores reales que deben corregirse, y nos da energía para hacer algo al respecto. En la familia en la que crecí, mis padres tenían el monopolio de la ira. Así que reprimí la mía, junto con muchos otros sentimientos, y ha sido un largo viaje para recuperar mi propio interior, incluida la ira que hay en él.

Ya sea en las relaciones personales o en la sociedad en general, las personas con más poder o privilegios pueden decirles a los demás que no deben enfadarse tanto cuando, en realidad, tienen toda la razón y el derecho de estar enfadados. En cualquier situación, puedes formarte tu propia opinión sobre lo que está pasando, lo grave que es y si quieres enfadarte o seguir estando enfadado.

Por otro lado, la ira:

- Se siente mal después del primer ataque.
- Reduce nuestra atención, por lo que perdemos de vista el panorama general.
- Nubla nuestro juicio, llevándonos a actuar de manera impulsiva y potencialmente con violencia.
- Crea e intensifica conflictos con los demás.

La ira puede parecer muy justificada si te sientes atacado, agraviado, decepcionado o provocado: «Por supuesto que *estoy enfadado, me has hecho enfadar*, es por tu *culpa*». Es seductora: a menudo viene acompañada de una oleada de dopamina que se percibe gratificante. Sin embargo, hiere a la persona que está enfadada. Por ejemplo, la hostilidad crónica plantea un riesgo significativo para la salud física, incluidas las enfermedades cardiovasculares. En esta metáfora del budismo primitivo, «La ira tiene una punta melosa y una púa envenenada». O considera el dicho «El resentimiento es como tomar veneno y esperar a que otros mueran».

La ira también hiere a los demás, a veces de maneras que retornan para herirnos a nosotros. Hay cuatro tipos principales de emociones negativas (ira, miedo, tristeza y vergüenza), y es la ira la que por lo general tiene el mayor impacto sobre otras personas. Tienes que irritarte sólo una vez con alguien para que altere permanentemente su relación contigo, como he aprendido a mi infinito pesar. Dos personas pueden quedar atrapadas en círculos viciosos de agravio y venganza. Procesos similares también ocurren en grupos, desde una familia contra otra hasta naciones enteras. A menudo, los grupos forman una identidad compartida en torno a agravios compartidos y a lo largo de la historia muchos líderes lo han explotado para aumentar su propio poder.

Entonces, ¿cómo puedes encontrar ese equilibrio en el que respetas y utilizas tu ira sin que te envenene y sin causar problemas innecesarios en tus relaciones?

Cómo

Cuando nos enfadamos, a menudo tiene lugar en dos etapas. La primera es el *cebado*, una creciente sensación de fatiga, hambre, dolor, estrés, frustración, dolor o maltrato. La segunda es el *detonante*, quizás una persona que hace un comentario irreflexivo. El cebado es como un montón de cerillas y el detonante es la chispa que enciende una hoguera.

Ten cuidado con el cebado

Trata de ser consciente del cebado y ocúpate de él desde el principio antes de que se acumule. Para tus adentros, podrías respirar hondo con una espiración larga, mirar un minuto por la ventana, tomar algún refrigerio, pensar en algo que te provoque un sentimiento de paz o de amor, o encontrar una sensación general de aceptación en la que puede que no te guste lo que está pasando, pero no por ello estás enfadado. Para fuera, podrías hacer lo posible para mejorar tu situación, como apagar un programa de noticias de televisión que te está haciendo enfadar o terminar una exasperante llamada telefónica. A más largo plazo, podría utilizar las ideas y las herramientas de la quinta parte de este libro para abordar problemáticas de tus relaciones.

Baja el ritmo

Cuando se activen los detonantes, trata de bajar el ritmo antes de decir o hacer algo de lo que luego te arrepentirás. En tu cerebro, la información entrante –tal vez un automóvil que se te cruza en la carretera o una palabra despectiva de tu pareja– se procesa a lo largo de dos vías (para simplificar procesos complejos).

La primera vía circula rápidamente a través de las regiones subcorticales, como la amígdala, que puede desencadenar la respuesta de estrés neurohormonal en menos de un segundo. Ahora tu corazón late más rápido, la adrenalina y el cortisol comienzan a fluir a través de tu torrente circulatorio y los sentimientos de miedo e ira hierven en tu mente. A lo largo de la segunda vía, tus regiones prefrontales comienzan a conectarse para descubrir qué ha pasado, qué importancia tiene y qué hacer al respecto. La corteza prefrontal es un componente fantástico del equipamiento biológico, pero es lenta en comparación con la subcorteza, que tiene una ventaja inicial en la conducción de tus impulsos. Cuando haces una pausa, aunque sea de tan sólo unos segundos, tu corteza prefrontal puede atraparla y aportar una idea de la visión general, tus intereses a largo plazo, las necesidades de los demás, las diferentes opciones existentes y un plan de acción paso a paso.

Escucha a la ira

Independientemente de que tu ira surja en una explosión o sea más un estado de ánimo subyacente de irritación y exasperación, te está diciendo algo importante. Puedes ser prudente en cómo la expresas mientras sigues abierto a ella para tus adentros y la exploras.

¿Qué sientes en tu cuerpo? ¿Qué tipo de pensamientos sobre otras personas la acompañan? ¿Qué concepto de ti mismo trae, como sentirte engañado o maltratado? ¿Hay un motivo para esta ira, tal vez en una relación concreta o de manera más general en tu vida, como muchas experiencias de ser menospreciado durante tu infancia o de ser discriminado como adulto? ¿Qué deseos tienes, como apartarte o atacar verbalmente?

¿Hay algo que subyace a la ira? Puede haber sentimientos más suaves, tal vez más recientes, como frustración, dolor, preocupación, culpa o derrota. ¿Es la ira una forma de seguir reprimiendo estos sentimientos más vulnerables?

¿Hay algún mensaje en la ira que sea importante que escuches? Por ejemplo, ¿estás cargando con demasiadas responsabilidades, por lo que necesitas quitarte algo u otros deben asumir más, o ambas cosas? ¿Algún asunto ha ido demasiado lejos con alguien y necesitas aclarar las cosas? ¿Alguien te está molestando inadvertidamente porque no es consciente de ello y dejaría de molestarte si se lo dijeras? ¿Estás enfadado contigo mismo por algo y te desquitas con los demás? ¿Sigues teniendo interacciones con alguien en las que te sientes incomprendido o poco respetado, y ha llegado el momento de hacer algún cambio en esa relación? Por tonto que parezca, mentalmente podrías preguntarle a la ira qué está tratando de decirte; te sorprenderá lo que te responde.

En medio de una discusión o de una experiencia perturbadora, puede resultar muy útil que conectes contigo mismo de esta manera. Lejos del calor del momento, podrías tomarte un tiempo para considerar las preguntas anteriores sobre si hay un problema recurrente en una relación o es un desafío en general. Si otros minimizan, invalidan o critican tus sentimientos de ira, intenta averiguar por qué lo hacen. ¿Es bienintencionado, aunque es posible que equivocado, o lo están haciendo por su propio interés?

No dejes que la ira te conduzca

Hace ya algunos años me comprometí personalmente a no hablar ni actuar con ira. Dudo que alguien me hubiera descrito como una persona enfadada; sin embargo, ese compromiso hizo que me diera cuenta de con qué frecuencia la ira motivaba e infundía lo que decía y hacía, aunque fuera suavemente a través de poner los ojos en blanco, el tono de voz, suspiros exasperados, palabras críticas u órdenes mandonas. Podrías preguntarte con qué frecuencia la ira «se escapa» de ti. Puede haber ciertas situaciones en las que sientas que es necesario y adecuado actuar desde la ira, como luchar por tu vida, enfrentarte a una injusticia o coger energía para salir de una relación abusiva. Pero, por lo general, puedes ser fiel a ti mismo sin hablar o actuar con ira. Puedes sentirla y oírla, y aprovechar su energía y enfoque, sin dejar que te controle.

Dependiendo de la situación, puedes permanecer en silencio, estar atento y esperar a tu momento hasta que llegue otro más más apropiado. O puedes hablar con firmeza, con asertividad, incluso con intensidad. Podrías decir que estás enfadado por algo sin verter ese enojo sobre los demás. Podrías hacer una pausa en una conversación si te estás calentando. Podrías reconocer tus sentimientos de ira y luego hablar sobre lo que subyace a ellos, como sentirse incomprendido o desilusionado.

Como hice yo, es probable que descubras que este compromiso te coloca en una posición más sólida con los demás. Podrás hablar mejor sobre los asuntos fundamentales que subyacen a la ira. Es probable que otras personas no desvíen la atención de aquello *que* dices hacia *cómo* lo dices. Piensa en personas que para ti sean modelos de fuerza y eficacia sin ser hostiles ni odiosas, y ten así una idea de cómo sería ser más de ese modo.

Un proverbio nos dice que actuar con ira es como pasarse brasas con las manos desnudas; ambas personas se queman. Ya ha habido mucho quemado en nuestra historia humana compartida. Demasiadas mentes quemadas por la ira.

La honestidad, la defensa, la compasión feroz, el establecer un límite, el confrontar las ofensas, el proteger a los demás…; nada de esto es en sí mismo ira o requiere ira. Verdaderamente, podemos hablar desde el corazón con el poder del respeto por uno mismo y un coraje libre de ira.

28

Di la verdad y juega limpio

Al igual que muchas personas, a veces me preocupo por lo necesario para que todos vivamos juntos en paz, ya sea en pareja o en familia, en una comunidad o en un país, o en el mundo como un todo. Entonces recuerdo lo que oí en la escuela: «Di la verdad. Juega limpio».

Esto mismo es lo que les pedimos a nuestros propios hijos que hagan. Es lo que buscamos en un amigo, un jefe y un vecino. Si tu hijo no conoce otra cosa mejor y trata de hacer trampa en un juego de mesa, se lo indicas: no está bien. Queremos que los cajeros nos den el cambio correcto y que los mecánicos sean honestos sobre las reparaciones que necesita un vehículo. Es básico. Estos principios pueden parecer abstractos, pero cuando piensas en situaciones comunes y cotidianas –un compañero de trabajo que te sonríe, pero te critica a tus espaldas, una pareja que te es infiel, un jefe que no reconoce tus contribuciones–, puedes ver lo relevantes que son.

Las personas tienen desacuerdos y, a veces, compiten entre ellas. Los conflictos son una parte normal de casi cualquier relación. Pero ya sea un juego de cartas, dos padres que discuten sobre cómo compartir las tareas del hogar o dos candidatos que intentan ganar unas elecciones, esperamos igualdad de condiciones. Los derechos para ellos son también derechos para nosotros, y las reglas para nosotros también son reglas para ellos. Si todo el mundo acepta estos estándares, vencer resulta mucho más dulce porque te lo has ganado. Perder puede resultar amargo, pero al menos sabes que no te han engañado.

Un buen proceso conduce a buenos resultados. Así pues, si los resultados son malos –desde acoso escolar en el patio del colegio hasta una nación en problemas–, tiene sentido descubrir el mal proceso que ha conducido a este resultado. En relaciones de todo tipo, un buen proceso debe incluir decir la verdad y jugar limpio. No es garantía de nada, pero está garantizado que con el tiempo la mentira y el engaño envenenan cualquier tipo de relación.

Cómo

Comenzamos ocupándonos de nosotros mismos. Podemos calentarnos, discutir, incluso pasarnos de la raya, pero no mentir. Si nos equivocamos en algunos hechos, lo acabamos admitiendo. No castigamos a las personas por tratar de encontrar la verdad. No hablamos de mala fe, no contraatacamos ni provocamos para enredar el asunto. Si decimos que es malo que otros hagan algo, tratamos de no hacerlo nosotros mismos. Esto no significa ser una especie de santo. Es simplemente cumplir con los estándares básicos que querríamos en cualquier aula escolar.

Pero entonces, ¿qué puedes hacer con aquellos que no actuarán igual?

Mira lo que ves

Dite *a ti mismo* la verdad acerca de lo que está pasando. Puede resultar impactante (y difícil de creer) que alguien realmente no sienta la necesidad de ser honesto o justo contigo, en especial si ha sido agradable de otras maneras. Observa conforme avanza el tiempo y mira si está siendo deshonesto a propósito o si simplemente está equivocado sobre los hechos. ¿Es realmente narcisista o incluso sociópata, o sencillamente está preocupado o socialmente desorientado? ¿Te considera sólo como un medio para sus fines, no como un ser que importa por derecho propio?

Las exageraciones ordinarias, los argumentos de venta, las diatribas, los sarcasmos y las presiones son una cosa, pero las mentiras y los engaños repetidos son otra cosa. *La desconsideración por decir la verdad y el juego limpio es el tema fundamental.* Reconocerlo cuando está pasando es muy clarificador. Es posible que no puedas cambiar nada en el mundo, pero al menos dentro de tu mente puedes pisar suelo firme.

Encuentra aliados

Todos necesitamos aliados. Piensa a quién podrías recurrir para ver lo que está pasando y tal vez ayudarte con el problema. Por ejemplo, en varias situaciones, me he comunicado con amigos, familiares, colegas, mentores, abogados y agencias reguladoras estatales.

Y otros también necesitan que seamos sus aliados.

Opina

Mentir y hacer trampas, de una forma u otra, son una especie de «gorroneo», en el que una persona se aprovecha de los demás. A lo largo de la mayor parte de nuestra historia, las personas han vivido en pequeños grupos o pueblos en los que podían unirse para identificar, avergonzar y castigar a los gorrones. «Vergüenza» y «castigo» son palabras fuertes. Pero sin ellas, aprovecharse de los demás no habría tenido consecuencias y nuestros ancestros homínidos y humanos no habrían podido desarrollar nuestras magníficas capacidades de cooperación, generosidad y justicia.

A veces no es seguro denunciar a un aprovechado, como un acosador, un estafador, un mentiroso fortuito o un depredador sexual. En estos casos, te proteges a ti mismo y a los demás lo mejor que puedes.

Pero si puedes *hacerlo*, arroja una luz brillante sobre las violaciones de la verdad y el juego limpio, preferiblemente con aliados que hagan lo mismo. Los mentirosos y los tramposos suelen ser buenos distrayendo a los demás con contrademandas salvajes y drásticas. Por lo tanto, debemos mantenernos enfocados en los valores fundamentales de honestidad y equidad, y no dejarnos embaucar por cuestiones secundarias. Sigue volviendo a preguntas simples y poderosas como éstas: ¿por qué sigues mintiendo?, ¿por qué es necesario hacer trampas para ganar?, ¿eres de confianza?, ¿por qué alguien debería volver a escucharte?

Reconoce el nivel político

Soy psicólogo y me enfoco sobre todo a nivel de individuos. Aun así, muchas de las fuerzas que nos hacen daño personalmente provienen del nivel político. Personas honestas y honorables pueden tener intensos desacuerdos sobre cómo dirigir una ciudad o un país. Pero podemos encontrar puntos en común en los principios básicos de no mentir ni hacer trampas... y que gane el mejor equipo. Es esto lo que nos tiene que unir. La cuestión política central de nuestro tiempo no es entre la izquierda y la derecha; es entre los que dirán la verdad y jugarán limpio y los que no.

Mentir es un motivo de despido en cualquier negocio y debería ser lo mismo en cualquier cargo electo. Podemos señalar a los mentirosos en Twitter y evitar discusiones estúpidas. Podemos apoyar a periodistas, científicos y abogados que llegan a la verdad de las cosas. Podemos centrarnos en la base de cualquier democracia: tener elecciones libres, justas e inclusivas. Si las personas tienen que mentir y hacer trampas para conseguir y más adelante mantener un alto cargo, pueden tener autoridad legal, pero nunca tendrán legitimidad moral.

Cualquiera, importante o no, que mienta y engañe –y cualquiera que apoye a tales personas–, perdería todo el prestigio en el patio de una escuela, en una iglesia, en un mercado o en la comuna de un pueblo. Necesitamos que pase exactamente lo mismo en nuestra propia plaza pública. Porque todos vivimos en esta plaza, y lo que pasa allí tiene consecuencias muy personales para cada uno de nosotros.

29

No te dejes intimidar

El poder es un aspecto inherente a la mayoría de nuestras relaciones. En cualquier jerarquía, la persona que está arriba tiene más poder que la persona que está abajo. Algunas personas tienen la autoridad adecuada sobre otras, como un profesor sobre los estudiantes en un aula. El poder no es inherentemente bueno o malo. La pregunta es, *¿cómo* lo utilizamos? Si tenemos poder sobre las personas, tenemos responsabilidades hacia ellas. Podemos utilizar nuestro poder para buenos propósitos, perseguidos de buenas maneras.

Reflexiona por un momento sobre el poder en tus relaciones. ¿Quién tiende a ser más dominante, quién tiende a tener la última palabra o a tomar la decisión final? ¿Quién tiene mayor estatus? ¿Quién se supone que está mejor informado, es más inteligente, es más competente o está psicológicamente más sano? En una relación clave, ¿sientes que deberías ser más asertivo, quizás con respecto a cosas concretas? ¿O hay una intuición de que debes hacer más espacio para la otra persona? Esta exploración puede ser *muy* esclarecedora.

Las relaciones pueden tener una brusquedad ordinaria. Tal vez alguien es demasiado mandón, demasiado controlador, demasiado agresivo. No muy bueno, pero frecuente… y finalmente otros podrían echarse para atrás.

Y luego están los *abusos* de poder. Se manifiestan de muchas maneras, incluido el maltrato de personas vulnerables, la intimidación física o emocional, el fraude criminal, la discriminación estructural y la tiranía. Como término general, utilizaré una palabra simple y realista para esto: «acoso».

Por desgracia, los acosadores son frecuentes. En nuestros hogares, en los patios de las escuelas, en las organizaciones y en la política, provocan un enorme sufrimiento. ¿Qué podemos hacer al respecto?

Cómo

Reconoce a los acosadores

Un acosador es:

- **Dominante.** Tiene que ser el alfa; busca objetivos que parecen más débiles; carece de compasión.
- **Defensivo.** No acepta la culpa; desprecia a los demás; evita la responsabilidad.
- **Falso.** Manipula las quejas para conseguir apoyo; engaña; oculta la verdad ya que su poder se basa en mentiras.

Intenta ser consciente de cualquier inocencia o ingenuidad que tengas tú que sencillamente te impida creer que otra persona o grupo actúe de esa manera. Como dijo la escritora y activista Maya Angelou, «Cuando alguien te muestre quién es, créele la primera vez».

Reconoce a los facilitadores

Algunas personas y organizaciones toleran o incluso valoran a los acosadores, como alentar a alguien que está haciendo daño a personas que desprecian. Esta habilitación toma diferentes formas, entre ellas pretender que todo es normal o afirmar falsamente que «ambas partes actúan así».

Desde los patios de la escuela hasta los parlamentos, las personas con un «estilo de personalidad autoritario» (orientado al dominio y severamente punitivo) tienen afinidad por los líderes que son acosadores y, por lo general, forman el núcleo de sus seguidores.

Protégete

A veces estás apegado a un abusador, al menos durante un tiempo. Ten cuidado. Evalúa tus opciones y haz lo que sea mejor para ti y para aquellos que te importan.

Ten compasión

En el fondo, la mente de un abusador es como un reino infernal de sentimientos de debilidad y vergüenza reprimidos, siempre amenazando con invadir. Hay mucho sufrimiento allí. La compasión para un acosador no es aprobación. Puede ser tranquilizadora y fortalecedora para *ti*.

Y ciertamente los objetivos de los acosadores merecen nuestro cuidado. Aunque no puedas hacer nada para ayudarlos, tu compasión sigue siendo auténtica. Es importante para *ti,* y puede ser importante para otros de maneras que nunca sabrás.

Llámalo por su nombre

Dite la verdad a ti mismo. Cuéntaselo a los demás.

Y, si corresponde, di la verdad a los acosadores y sus facilitadores. Ésta podría ser una versión de esa verdad: «Eres un acosador. Has hecho trampas y has mentido para conseguir tu poder. Actúas como un matón, pero en realidad eres débil y estás asustado. Es posible que puedas hacerme daño a mí y a los demás, pero no te tengo miedo. Veo lo que eres».

Los acosadores saben que su poder pisa terreno pantanoso. Trata de llamar por su nombre a la mentira, al engaño, a la debilidad. Llama por su nombre a la farsa, llama por su nombre a la ilegitimidad.

Respalda a otros

Los acosadores se fijan en individuos solitarios y grupos vulnerables para mostrar dominio y crear miedo, lo que se ha llamado «crueldad performativa». Así pues, trata de encontrar aliados que te apoyen si alguien te está acosando. Por ejemplo, si un compañero de trabajo te está molestando (o algo peor), puedes contárselo a tus amigos y conseguir su apoyo, y luego hablar con tu supervisor o con el departamento de recursos humanos, si existe en tu empresa. Puedes pedirles a otras personas que se enfrenten a los acosadores; mantenerte al margen sólo perpetúa el acoso.

Juntos, podemos defender a las personas en general que han sido o están siendo acosadas. Puede que no marque ninguna diferencia material, pero siempre marca una diferencia moral y psicológica tanto para aquellos que se enfrentan como para aquellos por quienes se enfrentan.

Castiga el acoso

Me refiero a *castigar* en el sentido de justicia, no de venganza. El acto de acosar en sí es gratificante para un acosador, incluso aunque no haya un beneficio concreto. Es como tirar de una placentera palanca de una máquina tragaperras que a veces ofrece un premio gordo: si eres un acosador, ¿por qué no sigues tirando de ella?

Entonces debe haber un coste real... y en términos que le importen al acosador. Retorcerse las manos y otras expresiones de preocupación son irrelevantes para un acosador. Los facilitadores también deben pagar un precio. De lo contrario, ¿por qué se detendrían?

Dado que el acoso es común, las personas han desarrollado diversas formas de castigarla. Dependiendo de la situación, podrías.

- Con confianza moral, llama al acoso por su nombre.
- Debate afirmaciones falsas de legitimidad.
- Ríete de los acosadores (que suelen ser de piel fina).

- Combate las mentiras, incluida la negación de los daños que está provocando.
- Construye fuentes de poder para desafiar al acosador.
- Enfréntate a los facilitadores; son cómplices del acoso.
- Recurre el sistema legal.
- Retira a los acosadores de las posiciones de poder.

Ve el panorama general

Las condiciones subyacentes permiten y fomentan el acoso. Los acosadores a veces consiguen poder gracias a las quejas de los demás; cuando abordamos esas quejas, podemos reducir el poder del acosador.

Los acosadores tratan de dominar nuestra atención tanto como intentan dominar todo lo demás. Pero hay un mundo más grande más allá de su control. Tiene muchas cosas que funcionan, placenteras, hermosas y virtuosas. Evita tanto como puedas reflexionar sobre la indignación inútil y las fantasías de venganza, y buscar errores en aquellos «que no están haciendo lo suficiente». Ya es bastante malo que el acosador esté en el mundo. Trata de no dejar que el acosador invada tu propia mente.

Quinta parte

Habla sabiamente

30

Mide tus palabras

Hay un dicho que los niños de habla inglesa suelen corear y que se podría traducir como «Palos y piedras pueden romper mis huesos, pero las palabras nunca me harán daño».[1] Pero eso no es realmente así. Lo que decimos, y el tono con que lo decimos, puede provocar un daño real. Piensa en las cosas que te han dicho a lo largo de los años –sobre todo con ira, rechazo o desprecio– y el impacto que han tenido sobre ti.

Las palabras pueden doler literalmente, ya que las redes de dolor emocional de tu cerebro se superponen con las redes de dolor físico. Los efectos pueden persistir incluso durante toda la vida, ya que los residuos de las palabras hirientes se cuelan en la memoria emocional y en el paisaje interior de tu mente. Además, pueden alterar una relación para siempre. Considera el efecto dominó de las cosas que se dicen entre padres e hijos, entre hermanos, entre cuñados o entre amigos.

Medir tus palabras no significa amordazarte o volverte quisquilloso y rígido con formas particulares de hablar. Es simplemente una cuestión de ser reflexivo y hábil, y tener en mente tus máximos valores y objetivos a largo plazo. Las pautas claras son muy útiles, y eso es en lo que me centraré en este capítulo.

---

1. El original es «Sticks and stones can break my bones, yet words will never hurt me».

Cómo

Me han ayudado mucho los seis principios del budismo primitivo y reconocerás su esencia en otras tradiciones o filosofías. El discurso sabio es siempre:

1. **Bienintencionado.** Proviene de la buena voluntad, no de la mala voluntad; es constructivo, no destructivo, y trata de ayudar en lugar de hacer daño.
2. **Verdadero.** Es exacto en cuanto a los hechos; puede que no digas todo lo que es verdad, pero lo que dices es verdad, y no exagerado ni sacado de contexto.
3. **Beneficioso.** Apoya la felicidad y el bienestar de ti mismo y de los demás.
4. **Oportuno.** Llega en el momento apropiado y tiene buenas posibilidades de ser realmente escuchado.
5. **No áspero.** Podría ser firme, afilado o intenso; podría hacer frente al maltrato o a la injusticia; se puede reconocer la ira, pero no es acusatorio, desagradable, incendiario, desdeñoso o despectivo.

Y, si es posible, es:

6. **Querido por la otra persona.** Si la otra persona no quiere oírlo, a veces puedes decidir no decirlo; pero habrá otros casos en los que elijas hablar, le guste o no, y entonces es más probable que salga bien si sigues las pautas anteriores.

Ciertamente hay un lugar en el que hablar libremente con otros cuando resulta cómodo hacerlo. Y, siendo realistas, en los primeros momentos de una discusión, a veces las personas van más allá de los límites.

Pero en interacciones importantes, difíciles o delicadas —o tan pronto como te des cuenta de que te has pasado de la raya—, es hora de comunicarse con cuidado y sabiduría. Las seis pautas no garantizan que la otra persona responda de la manera que tú deseas, pero aumentarán las probabilidades de un buen resultado; además, en tu corazón sabrás que has mantenido el control de ti mismo, tenías buenas intenciones y no tienes nada por lo que sentirte culpable más adelante.

Podrías reflexionar sobre estas pautas al considerar cómo abordar una conversación importante. En estos casos, sé natural: si eres sincero, tienes buenas intenciones y sigues volviendo a la verdad tal como la conoces, ¡resulta difícil *no* hablar con sabiduría! Si la cosa sube de tono, trata de recordar que es bajo tu propia responsabilidad cómo te expresas, independientemente de cómo lo haga la otra persona. Si te desvías de las pautas, reconócelo ante ti mismo y tal vez ante la otra persona, y luego regresa a ellas.

Con tiempo y un poco de práctica, te encontrarás «hablando sabiamente» sin pensar conscientemente en ello. Es posible que te sorprendas de las formas poderosas y asertivas en que puedes comunicarte dentro del marco que supone estas pautas.

Y como bonus, ¿qué tal practicar el hablar sabiamente cuando te hablas *a ti mismo?*

31

Di la verdad

Cuando decimos la verdad, y la decimos clara y apropiadamente, nos sentimos bien con nosotros mismos. Hay honestidad y realismo en las palabras en las que otros pueden confiar. Pero si decimos mentiras, distorsionamos lo dicho por otra persona o presentamos una versión falsa, entonces hay diferentes consecuencias, como conflictos innecesarios, oportunidades perdidas para profundizar en una relación o un sentimiento de tristeza y vacío en la boca del estómago.

La persona más importante a quien decirle la verdad es a uno mismo. Muchas personas no se dicen la verdad a sí mismas de dos maneras: exageran sus defectos y minimizan sus fortalezas. Además, si te dices a ti mismo que algo es cierto, pero en el fondo sabes que no lo es, como «todo va bien» en un matrimonio que en realidad es frío y distante, estás yendo por la cuerda floja. Es difícil construir una buena vida sobre estos cimientos.

La verdad es la base. Aunque desees que la verdad sea diferente, es con lo que puedes contar en un mundo lleno de giros, argumentos de ventas, desinformación y simples pendejadas. Es tu refugio.

Cómo

Decir la verdad no significa decirlo todo. Podrías ir directo al grano en una conversación, no atosigar a los niños con más de lo que son capaces de entender y no soltarlo todo en una reunión de negocios. No tenemos que explicar más de lo necesario. Pasé la década de los veinte en una cultura de crecimiento personal en la que le decíamos todo a todos todo el tiempo, incluidas las cosas más profundas, sorprendentes y salvajes. Para una persona reprimida como yo, abrirme así resultaba valioso. Pero transcurrido un tiempo, aprendí que el hecho de que *pudiera* decir algo no significaba que *debiera* decirlo. Algunos pensamientos y sentimientos podrían ser innecesariamente hirientes para otros, o fácilmente malinterpretados, o utilizados en tu contra más adelante. Una vez que salen de tu boca –o se liberan en el ciberespacio–, no hay forma de recuperarlos.

Sé sincero

Pero esto significa ser genuino, honesto y sincero. Entonces tu expresión externa (tono, postura, expresiones faciales y elección de palabras) es coherente con tu experiencia interna. Cuando estaba aprendiendo a abrirme, me resultaba difícil. Estaba siendo honesto, pero sonaba como si estuviera leyendo una guía telefónica. Si te sientes triste, herido, ansioso o enfadado, ¿puedes sentirte así cuando hablas? ¿Hay alguna emoción en particular con la que sea especialmente difícil mantener el contacto? ¿O un deseo particular, como el anhelo de ser incluido o apreciado? Cuando hables, hazlo más lentamente, da tiempo a que tus sentimientos atrapen a tus palabras e intenta mantener el contacto con un sentimiento cuando lo expreses.

Está bien no saber exactamente cómo describir cómo te sientes. A veces es difícil encontrar las palabras adecuadas… o sencillamente *no* hay palabras. No obstante, tu rostro y tu cuerpo pueden comunicar mucho.

Con el tiempo, descubrirás que puedes revelar cada vez más de ti. La mayoría de nosotros tenemos cosas que son difíciles de mostrar a los demás. En mi caso, cuando crecía, era sentirme incompetente. Para otra persona, puede ser miedo o debilidad; para otra persona, podría ser ira. Quizás te haya pasado algo –o quizás hayas hecho algo– que nunca le has explicado a nadie. Algunas personas sienten que están viviendo una especie de mentira que les está corroyendo la mente. ¿Hay algo que hayas mantenido oculto que sería bueno sacar a la luz?

¿Y podrías hablar expresamente sobre ello con una persona adecuada, incluso un terapeuta o un sacerdote, que haya jurado confidencialidad? Cuando acaba saliendo a la luz, generalmente hay una sensación de alivio y de estar más integrado y completo como persona.

¿Qué omitir?

En cualquier relación, pregúntate «¿Qué es importante no mencionar? ¿Qué hay que omitir?». Esto se aplica tanto a ti como a los demás. Considera el dolor o la ansiedad que subyace a la irritación, o los derechos o necesidades que es lo que verdaderamente está en juego en una pelea aparentemente tonta. ¿Hay un secreto a voces del que nadie habla? Tal vez alguien tiene un problema con la ira o bebe demasiado, o simplemente está deprimido. Tal vez el puesto de gran de responsabilidad de alguien (sesenta o setenta horas a la semana, con viajes de trabajo y correos electrónicos durante el fin de semana) está marginando la vida familiar. Nuestras relaciones están limitadas por aquello de lo que no podemos hablar. Cuando lo consideres oportuno, tienes derecho a poner temas sobre la mesa. Y si otras personas siguen intentando cambiar de tema, puedes resaltar *ese* hecho como un tema del que te gustaría hablar.

Entrega mensajes no comunicados

Dependiendo de la relación, hablar con sinceridad puede significar expresar algunas de tus mensajes no comunicados a esa otra persona. Son cosas relevantes e importantes que no has dicho, tal vez porque en ese momento tenías buenas razones. Algunos mensajes no comunicados se diluyen y no importa. Otros podrían seguir siendo importantes para ti, pero tú consideras evidente que es mejor no sacarlos a la luz. La pila que queda, por grande que sea, sobrecarga y restringe una relación cuando tú (y, a veces, la otra persona) te mueves a su alrededor.

En capítulos siguientes, exploraremos *cómo* expresar diestramente lo que no se ha dicho. Te sugiero que te tomes un poco de tiempo para considerar lo que puedes haber estado reteniendo en las relaciones clave. Para una persona en particular, puedes sacar una hoja de papel, titularla «Mensajes no comunicados» o «Cosas que no te he dicho», y a continuación escribir lo que te venga a la mente. Recuerda que no tienes que decirle nada de lo que aparece en esta hoja; se trata de tu propia exploración. Como indicación, podrías imaginarte completando esta oración una y otra vez: «No te he dicho _____». Ábrete a lo que descubras dentro de ti. Podría incluir momentos en los que te has sentido decepcionado y enfadado, o deseos íntimos vulnerables, o aprecio y afecto. Cuando escuches las capas más profundas de tu interior, es posible que descubras que en realidad ya has dicho todo lo que importa, y puedes disfrutar de ello y tranquilizarte. Prueba este ejercicio con algunas personas. El simple hecho de ponerlo por escrito en una hoja puede resultar muy liberador. Y luego, si quieres, puedes decírselo a la otra persona cuando sea el momento adecuado. Identificar tus mensajes importantes no comunicados y luego expresarlos gradualmente de la manera apropiada es uno de los métodos de crecimiento personal más poderosos que conozco.

Por último, acepta el hecho de que nadie es un comunicador perfecto. Siempre vas a omitir algo, y eso está bien. ¡Tienes que dar espacio a las conversaciones para que respiren, sin juzgarte continuamente! Comunicar es reparar. Siempre y cuando hables con sinceridad y buena voluntad básicas, tus palabras tejerán y enmendarán un tapiz de verdad en todas sus relaciones.

32

Habla desde el corazón

Una Navidad, bajé al Gran Cañón, cuyo fondo se encontraba a más de un kilómetro en vertical por debajo del borde. Sus paredes estaban estratificadas como un pastel, y franjas de roca roja o gris revelaban millones de años de erosión por parte del río Colorado. Piensa en el agua, tan suave y apacible, esculpiendo poco a poco la piedra más dura para revelar una gran belleza. A veces, lo que parece más débil es en realidad lo más poderoso.

De la misma manera, hablar con el corazón abierto puede parecer muy vulnerable y, sin embargo, ser el movimiento más fuerte de todos. Decir la verdad —en concreto, los hechos de tu experiencia, que nadie puede refutar— con sencillez y sinceridad tiene una gran fuerza moral.

Recuerdo a un cliente mío, un hombre cuyo matrimonio se vio asfixiado por el peso de tantas cosas no dichas. Eran cosas dentro de lo normal —como querer que su esposa se enfadara menos con sus hijos y fuera más cariñosa con él—, pero temía que, si decía algo de eso, supondría el final de su matrimonio. Pero *no* hablar de ello era lo que en realidad estaba destruyendo su relación, con un montón de heridas y resentimientos que iba creciendo. Como dos personas en pequeños icebergs separados, se estaban distanciando en un silencio helado. Finalmente, se divorciaron.

Si estás abordando un problema en una relación, es necesario que seas sincero y hables desde el corazón y, por lo general, es algo que empuja a la otra persona a que abra el suyo. Y si no es así, las diferencias entre tú y esa otra persona es una poderosa declaración en sí misma.

Cómo

Hablar desde el corazón puede asustar. Si justo estás comenzando a acostumbrarte a esta forma de comunicarte, elige un tema, una persona y un momento que probablemente sean los adecuados.

Antes de hablar

Céntrate en las buenas intenciones, como descubrir y expresar la verdad, y ayudarte a ti mismo y a la otra persona. Entonces, busca una idea básica de lo que pretendes decir. Céntrate en tu experiencia: tus pensamientos, tus sentimientos, tus sensaciones corporales, tus deseos y cualquier otra cosa que fluya a través de la conciencia. Es difícil discutir sobre tu experiencia, pero es fácil enzarzarse en discusiones sobre situaciones, hechos, el pasado o la resolución de problemas.

Trata de encontrar una sensación de confianza en tu interior. Ten fe en tu sinceridad y en la verdad misma. Reconoce que a los demás puede no gustarles lo que tienes que decir, pero tienes derecho a decirlo sin necesidad de justificarlo. Debes saber que el proceso de hablar desde el corazón suele ser bueno para una relación, incluso aunque lo que se dice le resulte difícil escucharlo a la otra persona.

Cuando hablas

Respira y conecta con tu cuerpo. Podría resultar útil tener una idea rápida de las personas que se preocupan por ti. Relaja la garganta, los ojos, el pecho y el corazón. Trata de encontrar buena voluntad, incluso compasión, por parte de la otra persona. Recuerda lo que quieres decir. Respira de nuevo y empieza a hablar.

Trata de mantenerte en contacto con tu experiencia mientras la expresas y minimiza cualquier convicción o resolución de problemas. (Eso es para más adelante, si es que es aplicable; *véanse* los capítulos 43-45.) Sigue volviendo al punto esencial para *ti*, sea lo que sea (sobre todo si la otra persona reacciona o trata de cambiar de tema). Y deja que otros aspectos o capas más profundas de lo que hay en tu corazón se manifiesten mientras hablas. No necesitas saber todo lo que vas a decir antes de empezar a hablar.

Siéntete libre de desconectar si la otra persona sencillamente no está preparada para escucharte; quizás en otro momento sería mejor. El propósito principal no es lograr que la otra persona cambie, cosa que puede pasar o no, sino expresarse con el corazón abierto. Si lo consideras oportuno, podrías pedirle a la otra persona que también hable desde el corazón.

Después, puedes saber que lo has hecho lo mejor que has podido. Es valiente y es difícil (sobre todo al principio) hablar desde el corazón. Pero es muy necesario en las relaciones de cualquier tipo de profundidad.

33

Pregunta

Hacer preguntas te brinda mucha información importante y muestra a la otra persona que estás prestando atención. Le da la sensación de que estás interesado, que te preocupa, que el tema que está sobre la mesa te interesa y que *ella* también te importa. Hace que las cosas salgan a la luz para que tú y la otra persona las veáis. Hacer preguntas puede enlentecer las conversaciones acaloradas para que no se vayan de las manos. Te da tiempo para pensar y evita que saques conclusiones precipitadas y cometas errores de los que te arrepentirás. Es posible que a la otra persona no siempre le gusten tus preguntas —tal vez estés aclarando que ella metió la pata, no tú—, pero tienes derecho a preguntar.

De manera profunda, hacer preguntas te abre un portal hacia el vasto y misterioso interior de otra persona. ¿Qué demonios está pasando allí? Pasiones burbujeantes, dulces anhelos melancólicos, recuerdos y fantasías, un coro de voces, capas y profundidades, y todo arremolinándose y emergiendo. Fascinante por derecho propio. Y cuando conocemos mejor a los demás, podemos conocernos mejor a nosotros mismos.

Cómo

Como terapeuta, me gano la vida haciendo preguntas. Además, he estado casado durante mucho tiempo en las buenas y en las malas, y he criado a dos hijos. Como dicen en medicina: el buen juicio proviene de la experiencia… y la experiencia proviene del mal juicio. ¡Así que ofrezco algunas lecciones de mis experiencias!

Ten buenas intenciones

No tenemos que hacer preguntas como un fiscal. Podrías estar intentando llegar al fondo de la cuestión, como, por ejemplo, dónde irá en realidad tu hijo el próximo sábado por la noche o cuál se supone que será tu papel en una futura reunión de negocios. Pero trata de no formular preguntas para hacer quedar mal a los demás.

Mantén un tono amable

Hacer una pregunta —más concretamente, una serie de preguntas— puede parecer invasivo, crítico o controlador para la persona que la recibe. Piensa en todas las veces que a los niños se les hacen preguntas como preludio de una reprimenda u otro castigo. Puedes consultar con la otra persona si tus preguntas son bienvenidas. Reduce la velocidad a la que formulas las preguntas para que no parezcas una ametralladora. Trata de intercalarlas con autorrevelaciones que coincidan, más o menos, con la profundidad emocional de lo que dice la otra persona; así no se verá obligado a poner todas sus cartas sobre la mesa mientras tú no asumes ningún riesgo.

Mantente interesado

Puedes darte cuenta cuando la atención de alguien se desvía mientras estás hablando, y esa persona notará lo mismo sobre ti. Trata de mantener la atención en lugar de cambiar tu enfoque a un mensaje de texto que acabas de recibir en tu teléfono móvil o a lo que piensas decir a continuación. Prueba una sensación de «mente de principiante», «mente de no sé», en la que te muestras curioso, abierto y paciente. ¿Sobre qué te gustaría saber más?

Trata de encontrar lo que es vivo, fresco, jugoso, importante, útil o profundo en la conversación. Levantar una ceja, asentir con la cabeza para decir más o simplemente guardar un poco de silencio son señales para que la otra persona continúe.

Sigue preguntando

Si percibes que sigue habiendo alguna opacidad problemática en las respuestas de la otra persona, o simplemente más cosas para saber, puedes volver a preguntar, tal vez de una manera diferente. O explica –sin acusar– por qué todavía no tienes claro lo que dice la otra persona. Es sorprendente la frecuencia con la que las personas no responden realmente a la pregunta que se les ha formulado. Puedes hacer preguntas complementarias que podrían ayudar a precisar un hecho clave o a descubrir las capas más profundas de los pensamientos, los sentimientos y las intenciones de la otra persona.

Indaga para resolver un tema

Las preguntas sobre hechos o planes suelen ser bastante sencillas. Para el territorio más turbio y a menudo cargado de emociones del mundo interior de otra persona, aquí hay algunas posibilidades:

«¿Cómo ha sido para ti _____? ¿Qué sientes _____?».

«¿Qué aprecias de _____? ¿Qué crees que ha ido bien? ¿Ha sido tranquilizador? ¿Qué te ha gustado de _____?».

«¿Qué te molesta [o te preocupa] de _____? ¿Por qué te sientes ansioso [o frustrado, triste, herido, enfadado, etc.]? ¿Hay otras cosas que sientes [o deseas] aparte de _____?».

«¿De qué te has acordado? ¿Cuál es el contexto [o la historia] que te importa de esto [por ejemplo, disgustos pasados entre nosotros dos, que te hayan vuelto a pasar por alto para una promoción]?».

«¿Qué te hubiera gustado que hubiera pasado en vez de esto? ¿Qué es para ti lo más importante en este caso?».

«¿Cómo te sientes conmigo? ¿Qué es lo que te gusta de mí? ¿Qué es lo que, bueno, no te gusta de mí? ¿Qué te gustaría que hubiera dicho o hecho? Si hay una o dos cosas clave que crees que debería gestionar, ¿cuáles son?».

«¿Cómo te sentirías si consiguieras lo que querías? ¿Cómo te sentirías si consiguieras lo que querías de mí? ¿Cómo te gustaría que fuera a partir de ahora?».

«¿Qué más? ¿Podrías explicarme algo más sobre _____?».

Profundiza una amistad íntima

Con el tiempo, una relación romántica puede volverse algo monótona, distante e incluso estancada. Una buena manera de animarla consiste en aprender cosas nuevas sobre la otra persona, y para ello te muestro algunos ejemplos de preguntas (es posible que ya conozcas algunas de las respuestas sobre tu pareja). No estás tratando de jugar a ser terapeuta —simplemente eres un amigo interesado— y puedes profundizar más o menos según te apetezca. Si lo consideras oportuno, puedes sugerir que os turnéis para haceros algunas de estas preguntas. ¡Y, por supuesto, incorpora algunas tuyas!

«¿Cuál es tu primer recuerdo?».

«¿Tenías un familiar preferido cuando eras joven? ¿Qué hacías con él?».

«Cuando eras un niño, ¿qué imaginabas o pensabas mientras te dormías?».

«Cuando eras joven, ¿qué era lo que realmente te gustaba hacer? ¿Algún recuerdo especial? ¿Qué era lo que más te gustaba hacer por tu cuenta? ¿Conmigo?».

«De niño, ¿tenías alguna mascota preferida?».

«¿Con quién te diste tu primer beso? ¿Cómo fue?».

«¿Cómo fue irte de casa? ¿Tenías ganas de irte o no?».

«¿Cuáles crees que han sido los grandes puntos de inflexión en tu vida?».

«¿Qué te gusta pensar o imaginar?».

«Si pudieras ser cualquiera de los personajes de las historias de *El señor de los anillos* [o de cualquier otra ficción conocida], ¿cuál elegirías? ¿Por qué?».

«Si vivieras hace veinte mil años en un grupo de cazadores-recolectores, ¿por qué rol te inclinarías de manera natural?».

«Si pudieras conseguir que mil millones de personas dedicaran cinco minutos al día a hacer algo en concreto, ¿qué harían?».

Una forma de explorar estas preguntas es mirar juntos fotografías de vuestra niñez y tal vez también de vuestra adultez. Cuando miras los rostros de las personas en las imágenes, puedes imaginar cómo era su vida, lo que podría dar lugar a más buenas preguntas.

Con tu pareja, podrías hacer una especie de ejercicio en el cual os hacéis la misma pregunta una y otra vez, y luego cambiáis los papeles. Las posibles preguntas incluyen «¿Qué te gusta de mí?», «¿Qué quieres de nuestra relación?», «¿Qué necesitas para confiar en mí?», «¿Qué esperas del futuro?».

Si estás respondiendo tú la pregunta, di lo que te venga a la mente a menos que consideres que sería realmente doloroso o que revelaría algo de ti de lo que aún no estás preparado para hablar. Fíjate si estás preparando tu respuesta y considera si sería buena idea expresarte más plenamente. Si eres tú quien formula la pregunta, acepta lo que te responda la otra persona, dale las gracias y vuelve a hacerle la pregunta. Está bien pedirle que aclare algo brevemente y luego sigue repitiendo la pregunta. Si responde algo que te gustaría profundizar, sencillamente toma nota mental y podrás volver a ello más tarde. Este proceso puede volverse muy profundo rápidamente. Llegados a cierto punto, quizás después de una docena de rondas con la misma pregunta, es posible que no tengáis nada nuevo que decir; el ejercicio se percibirá completo, al menos por ahora, y podéis cambiar los roles o probar con otra pregunta.

Resumiendo, está muy bien hacer preguntas. Por lo general, la gente las acepta de buen grado. Puedes confiar en tus buenas intenciones y en tu buen corazón.

34

Expresa aprecio

Una de las herramientas más poderosas para mejorar tus relaciones también es una de las más sencillas: diles a las personas lo que aprecias de ellas. Esto no es adulación o manipulación. Tiene que ser de buena fe y decir lo que crees que es de verdad. Puedes decirlo para dar las gracias, ofrecer apoyo o transmitir tu respeto. Con suerte, la otra persona apreciará tu aprecio. Pero incluso aunque lo ignore por algún motivo, puedes saber que has sido sincero.

Cuando las personas logran un objetivo, muestran buen carácter o simplemente consiguen progresar bajo unas condiciones difíciles, es apropiado reconocerlo. Somos animales sociales y necesitamos sentirnos comprendidos y valorados. Si estás haciendo una buena labor en el trabajo o en casa y nadie dice nada al respecto, después de un tiempo por lo general lo verás como algo extraño o peor.

Piensa en varias personas que te importan. «¿Cuáles son algunas de sus buenas cualidades? ¿Son decentes y honorables? ¿De alguna manera te han ayudado o te han aportado algo? Si tuvieras que escribirles cartas de recomendación, ¿qué dirías de ellos?». A continuación, pregúntate «De todas las formas con las que podrías reconocer y dar las gracias a estas personas, ¿cuántas de ellas he dicho realmente?». Es posible que ya estés expresando mucho aprecio en tus relaciones; de todos modos, si es así, es bastante inusual según mi experiencia. La mayor parte de las ocasiones sencillamente no pensamos en reconocer a los demás o nos sentimos un poco incómodos o evitamos el aprecio por culpa de un conflicto mayor.

Es demasiado fácil no valorar a los demás o caer en un estado de ánimo de queja hacia ellos.

Recuerda un momento en el que alguien te dio las gracias, elogió tu trabajo, reconoció tus esfuerzos o habló sobre las buenas cualidades que tienes dentro de ti. Es muy probable que significara mucho para ti y es probable que fortaleciera vuestra relación. Puede tener los efectos beneficiosos sobre los demás cuando les haces saber lo mucho que los aprecias.

Cómo

Apreciamos a los demás de dos maneras generales: a través de la gratitud y del elogio.

Elige a alguien que te importe y considera por qué le estás agradecido, como las cosas que hace que te benefician, defenderte ante los demás o simplemente ser amable y familiar. Podrías estarle agradecido por detalles pequeños, como lavar tu taza de té en el trabajo, o por las grandes, como criar a los hijos juntos. Fíjate cómo se siente estar agradecido con esta persona.

A continuación, considera qué es digno de elogio. ¿Qué admiras, honras o respetas de él? ¿Cuáles son sus talentos y habilidades? ¿Rasgos de carácter positivos? ¿Fuerzas internas? ¿Qué ha conseguido? ¿A qué se ha tenido que enfrentar? ¿Es divertido, creativo, conmovedor? ¿Se preocupa por los demás? ¿Está haciendo cosas para ayudar al mundo? ¿Qué te gusta de él? ¿Qué cualidades estimadas e íntimas aprecias en él? ¿Qué se siente reconociendo todo esto sobre esa persona?

Reflexionando sobre esta relación, ¿hay algo por lo que se siente poco reconocido? ¿Qué crees que les gustaría oír? Tal vez esta persona sea un niño o alguien que te admire a ti. ¿Qué podría marcar una gran diferencia para él?

Entonces pregúntate cómo podrías expresar tu gratitud y tus elogios de una manera más plena. Piensa lo que realmente le dirías, y cómo y cuándo. Está bien que las personas tengan diferentes estilos de transmitir aprecio y diferentes formas en que les gusta recibirlo. Imagina cuáles podrían ser los beneficios para ti, para la otra persona y para vuestra relación.

Observa cualquier reticencia a expresar aprecio. Puedes sentirte en desacuerdo con la forma en que la gente hablaba en tu familia o con las normas de tu cultura. Puedes sentir que te hace vulnerable o dependiente, o que ahora la otra persona tendrá ventaja y tendrá derecho sobre ti, o que sus quejas válidas sobre él se verán neutralizadas y dejarán de tener fundamento. O que animarás a la otra persona a pedirte cada vez más, como si fuera una especie de vampiro necesitado que te chupa hasta dejarte seco. Trata de distanciarte de todas estas diferentes razones y cuestiónate si son realmente ciertas. Por ejemplo, puedes reconocer el valor que consigues de los demás siendo una persona fuerte y autosuficiente. Puedes apreciar las buenas ideas de un compañero de trabajo cuando lo animas a entregar su trabajo a tiempo. Puedes felicitar a alguien que está muy hambriento de elogios a la vez que estableces límites en la relación; puedes reconocer que alimentarlo no tiene por qué agotarte *a ti*.

Ahora piensa en una relación complicada, tal vez una cargada de conflictos serios. ¿Hay algo por lo que estés agradecido a esta persona? No pasa nada si no hay nada, pero si hay algo, trata de reconocerlo. Considera lo que podrías elogiar de él, aunque cometa algunos errores importantes. ¿Cómo podrías decirle algo de esto? Tal vez una simple declaración fáctica de paso que sea difícil de debatir. ¿Cómo podría mejorar vuestra relación apreciar a esta persona?

Cuando buscas lo que valoras en los demás, suele ayudarte a sentirte mejor con tu mundo. También pone las cosas que te molestan de alguien en un contexto más amplio, por lo que te resultan menos molestas y, además, ahora es más fácil hablar de ellas.

35

Prueba un tono más suave

Recuerdo momentos en los que me he sentido exhausto o exaspera-do y entonces he soltado algo que sencillamente no era necesario ni útil. A veces eran las propias palabras: absolutos como «nunca» o «siempre», o frases desmesuradas como «Esto ha sido una tontería». Más a menudo, era la entonación de mi voz, una mirada áspera, una manera abrupta de hablar, o una gestualidad sobrecargada.

Lingüistas como Deborah Tannen han señalado que la mayoría de las comunicaciones tienen tres elementos:

- **Contenido explícito:** «No hay leche en la nevera».
- **Subtexto emocional:** Puede ser neutral, positivo o negativo.
- **Declaración implícita sobre la naturaleza de la relación:** ¿Una persona puede criticar o dar órdenes a otra persona? ¿Alguien está por encima, al mismo nivel o por debajo?

Por lo general, el segundo y el tercer elementos –que es a lo que me refiero con tono– tienen el mayor impacto en cómo resulta una interacción y, con el tiempo, la acumulación del peso del tono que empleamos tiene grandes efectos. Un tono repetidamente crítico, supe-rior, decepcionado, despectivo o de reproche puede acabar sacudiendo una relación. Por ejemplo, la investigación de John y Julie Gottman ha demostrado que normalmente se necesitan varias interacciones positivas para compensar una negativa. Aparte de los efectos sobre la relación, hay que tener en cuenta el impacto directo sobre la otra persona. Un tono innecesariamente negativo crea sufrimiento innecesario en los demás.

Ser más consciente de tu tono te pondrá más en contacto contigo mismo y hará que seas más consciente de lo que podrías estar desarrollando en tu interior, para que puedas afrontarlo más rápido y de manera más directa. Suavizar tu tono te llevará a hablar de una manera más tranquila y sincera. Las otras personas serán menos capaces de cambiar el enfoque de *qué* dices a *cómo* lo dices. Y te encontrarás en una posición más fuerte para pedirle a los demás que utilicen un tono más suave.

Cómo

Suavizar tu tono no significa que te vuelvas empalagoso o hipócrita. En realidad, cuando las personas dejan de ser insolentes, bruscas, burlonas o beligerantes, suelen convertirse en mejores comunicadoras. Ahora están más conectadas, más seguras de ellas mismas, cuando ponen algún tema sobre la mesa. No han malgastado capital interpersonal en las gratificaciones a corto plazo de un tono áspero.

Así pues, trata de ser consciente de tu tono, sobre todo si ya te sientes estresado, presionado, frustrado, cansado o hambriento. Considera la historia de una relación en particular y la sensibilidad de la otra persona hacia tu tono. Debes estar atento al tono negativo, incluso en formas aparentemente leves, como poner los ojos en blanco, dar un suspiro exasperado o mostrar cierto desprecio.

Considera tus verdaderos propósitos en la vida y con esta otra persona. ¿Es adecuado un tono tan duro? ¿Qué tipo de tono sería mejor? ¿Puedes decir lo que es importante sin tener que utilizar un tono negativo? ¿Puedes enfrentarte a cualquier dolor o problema práctico de una manera directa, en lugar de desahogarte con tu tono?

Piensa en elegir las palabras adecuadas. Las exageraciones, las acusaciones, los reproches, los insultos, las palabrotas, las amenazas inquietantes, la patologización (por ejemplo, «Tienes un trastorno de personalidad») y los golpes bajos (por ejemplo, «Eres igual que tu padre») son como echar gasolina al fuego. Trata de evitar el lenguaje provocador o incendiario. Busca palabras precisas, constructivas, que se respeten y lleguen al meollo del asunto. Ten cuidado con los mensajes de texto y los correos electrónicos. Una vez que has pulsado el botón «enviar», ya no hay marcha atrás y el receptor puede malinterpretarlo y quizás compartirlo con otros. Sí, es anticuado, pero ciertamente es más fácil solucionar cualquier malentendido cuando hablamos con otras personas cara a cara o por teléfono. Releo algunos de mis propios correos electrónicos y años después me estremezco.

Las personas pueden ser sarcásticas, mordaces o bromistas de manera divertida. Pero a veces el humor oculta una herida o una ira subyacentes, y otras personas pueden percibirlo. O simplemente podrían malinterpretar lo que has dicho. Es posible que hayas pensado que sólo estabas bromeando, pero puede que no sea así.

Trata de relajar los ojos, la garganta y el corazón. Esto suavizará tu tono. A veces me imagino que me están grabando en vídeo durante una interacción y que podría verse más adelante en la boda de nuestros hijos… o en mi funeral. Sin volverte paranoico al respecto, podrías hacer lo mismo; no tienes que ser perfecto, pero si tú mismo estuvieras viendo la cinta de vídeo, ¿qué te gustaría ver?

Si viras hacia un tono áspero, corrígelo lo antes posible, lo que podría ser un minuto después de decirlo. A veces funciona explicar –no justificar o defender– las razones subyacentes de tu tono para ponerlo en contexto; por ejemplo, «Pido disculpas; estoy cansada y tengo hambre, y ha sido un día difícil». Asume la responsabilidad de tu tono y sus efectos, y comprométete de nuevo con una forma más clara, transparente y directa de expresarte.

36

No seas un aguafiestas

Supongamos que has tenido un momento de inspiración, has tenido una idea nueva o has sentido cierto entusiasmo en tu interior. Podría ser algo así como un enfoque diferente de un proyecto laboral o a dónde ir este sábado con la pareja. Tu idea no está completamente formada y aún no estás realmente comprometido con ella, pero te gusta y las estás evaluando. Entonces, si los demás responden de manera neutra o positiva, incluso aunque planteen ciertas inquietudes prácticas, es probable que te sientas apoyado y lleno de energía. Pero si su respuesta inicial es principalmente negativa, centrándose en los problemas, las reservas y los riesgos —*independientemente de lo válidos que sean—*, es posible que, por naturaleza, te sientas al menos un poco desanimado, menospreciado o bloqueado. Vale la pena reflexionar sobre cómo te pudo haber pasado esto cuando eras niño o adulto.

Esto también funciona al revés. Si las personas acuden a ti con una idea, una pasión o una aspiración, y comienzas con dudas y objeciones, es probable que no se sientan bien, y punto; y no se sentirán bien confiando en ti en el futuro. ¿Es posible que haya pasado esto en alguna de tus relaciones?

Esto mismo también puede pasar dentro de tu propia cabeza. Si viertes un jarro de agua fría sobre tus esperanzas y tus sueños, vivirás con cautela entre límites, seguro, pero nunca sabrás qué calor y qué luz se habrían extendido si las hubieras dejado entusiasmarte. ¿Evitas ser tu propio aguafiestas? ¿O eres demasiado rápido con las dudas, limitaciones, análisis de costas y motivos por los cuales no lo haces?

Cómo

Lo aquí explicado se aplica tanto cuando reaccionas a las ideas (incluso descabelladas) de los demás, como cuando respondes a tus propias inspiraciones y entusiasmos. Además, puedes pedirle a alguien que los considere si comienza a actuar como un aguafiestas.

Fíjate en cualquier retirada de apoyo, negativa o indicio de echar agua al vino cuando tú u otra persona estáis felizmente animados por algo. Intenta recordar alguna historia personal con tus padres o con otras personas que se hubieran sentido eufóricas o con un alto nivel de confianza y este hecho te hubiera llevado a tener problemas más adelante, y cómo esa historia podría estar dando forma a tus reacciones ante personas y situaciones actuales que en realidad son muy diferentes.

Esperamos que un amigo, un compañero de trabajo o un socio apoye una idea, un plan o un sueño específico nuestro. Pero en una relación importante, es natural querer sentir que la otra persona te apoya *en general:* que se muestre «coentusiasta» contigo, incentivado, apasionado y abierto a posibilidades. No es alguien que suela empezar con lo que está mal en una idea, sino alguien que comienza con lo que está bien. No es alguien a quien tienes que arrastrar o seguir inflando como un globo con un escape. ¿Hay personas que desearían que fueras más «coentusiasta» con *ellas?* ¿Hay cosas sencillas que podrías hacer para generar más entusiasmo y apoyo en esas relaciones?

Recuerda que siempre puedes decir que no. El hecho de que haya una nueva propuesta sobre la mesa no significa que estés obligado a llevarla a cabo. Está bien quedarte callado mientras dejas que las cosas se aireen y maduren antes de responder. Incluso aunque en el fondo tu visión es que esta nueva idea es una locura, un desastre o algo peor, es posible que no tengas nada que decir y se desmoronará por su propio peso.

Cuando te comuniques –contigo mismo o con otra persona–, trata de comenzar con lo que es verdadero o útil sobre tu idea. Puede ser buena idea quedarte sólo con estos puntos y luego ver qué dice la otra persona. Si tienes alguna inquietud, por lo general funciona mejor expresarla si es oportuna y deseada. (Ignora esta sugerencia si hay una razón convincente para hacerlo, como garantizar la seguridad de alguien). Mantén tus inquietudes relevantes para el asunto en cuestión; por ejemplo, si el precio de una idea es de unos pocos cientos de dólares, cualquier problema con ella no implica la pobreza en la vejez.

Mira a tu familia y tus amigos. Mírate a ti mismo. ¿Qué anhelos del corazón, qué grandes sueños, qué promesas pospuestas, qué ideas locas que verdaderamente podrían funcionar, estás ansioso por comenzar?

¿Qué podrías hacer hoy y mañana para abrirles paso?

37

Dale a la otra persona lo que quiere

Las relaciones se construyen a partir de interacciones, y las interacciones se construyen a partir de idas y vueltas e intercambios, como las voleas en el tenis. Un punto de inflexión en una interacción es cuando una persona envía algo que quiere por encima de la red. (Las cosas que queremos incluyen deseos, necesidades, voluntades, esperanzas y anhelos). Puede ser algo sencillo y concreto, como «Por favor, pásame la sal». O podría ser algo complejo e intangible, como «Por favor, quiéreme como una pareja». Algunas personas expresan claramente sus deseos, pero muchas otras no lo hacen. Cuanto más importante es un deseo, más probable es que rezume lentamente o que se exprese con añadidos y efectos liftados emocionales que distraen o confunden.

Piensa en una relación importante. ¿Cuán claramente has expresado tus deseos en ella? ¿Cómo te sientes cuando la otra persona hace un esfuerzo sincero por darte lo que quieres?

Cuando reflexiono sobre estas dos preguntas, me doy cuenta de que no siempre es fácil pedir lo que quiero, sobre todo si me hace sentir vulnerable, por lo que debería ser más indulgente con los demás cuando expresan sus deseos de manera vaga, cautelosa o eufemística. En segundo lugar, hace que me dé cuenta de que, en general, debería tratar de dar a los demás lo que quieren *si es razonable y posible*. Por benevolencia, hacerlo es amable y cariñoso. Por interés propio, también es una buena manera de abordar sus quejas, generar buena voluntad y ponerte en una posición más sólida para pedir lo que *tú* quieres.

No me refiero a darle a alguien cosas que le harían daño a él, a ti o a terceras personas. Y si pide lo que desea de manera grosera, exigente o amenazante, entonces su deseo podría ser un imposible hasta que cambie de tono. Por supuesto, eres libre de decidir qué hay de razonable en lo que quiere la otra persona y cómo vas a responder a su demanda.

Cómo

En prácticamente cualquier relación, es muy probable que ya le estés dando a la otra persona mucho de lo que quiere. Las tensiones y los problemas surgen en torno a otras cosas que quiere, que cree que no está consiguiendo. Piensa en una relación importante y pregúntate «¿Qué más le gustaría de mí?». Cualquier deseo que no haya sido escuchado, cualquier anhelo que no haya sido satisfecho, significa que no está consiguiendo aquello que quiere. Cualquier cosa que le haya supuesto una decepción para él, cualquier fuente continua de fricción... desde su perspectiva, esto también implica un deseo insatisfecho.

Es difícil y aterrador para muchos de nosotros expresar nuestros deseos más importantes. Así pues, trata de desentrañar las verdaderas prioridades de la otra persona. ¿Cuáles podrían ser sus anhelos más dulces, profundos y recientes?

Una vez que tengas una idea de lo que la persona quiere, decide por ti mismo qué vas a hacer al respecto, si es que vas a hacer algo. Tus deseos también importan, y no puedes seguir dando sin llenarte. Si has crecido en una familia o en una cultura que ha dicho que debes dar, dar y dar a los demás, es especialmente importante que comprendas que no se trata de dar en exceso y quedarte sin nada. Hay un punto óptimo en el que simplemente nos estamos brindando en la medida máxima *razonable* a otra persona.

La mayoría de la gente quiere cosas bastante sencillas, como:

- Me gustaría tener más oportunidades en el trabajo.
- Por favor, baja la tapa del inodoro.

- Hazme preguntas todos los días sobre mí y presta atención a las respuestas.
- Sé agradable conmigo.
- Sigue amándome, incluso mientras criamos a los niños.
- Por favor, devuélveme la pala que has cogido prestada.
- Haz tu parte de las tareas del hogar.
- Defiéndeme de los demás.
- Interésate por cómo me siento.
- Dime cosas que aprecias o te gustan de mí.

En muchos casos, realmente no es tan difícil darle a alguien lo que quiere. Es más una cuestión de si *tú* quieres hacerlo.

Personalmente, supuso un gran avance darme cuenta de que dar a los demás lo que querían no era doblegarme a ellos. Más bien era una especie de movimiento de aikido de triple bonificación que sacaba provecho de mi preocupación por las personas a la vez que me apartaba de conflictos y me situaba en una mejor posición para pedir lo que quería.

Podrías elegir algo razonable que no estés haciendo y ofrecérselo a la otra persona durante una hora o una semana sin decir una palabra al respecto y ver qué pasa. A continuación, elige algo más para ofrecérselo y observa qué pasa. Mentalmente o por escrito, podrías hacer una lista de los posibles puntos de discusión en esa relación y resolverlos. Cuando lo consideres adecuado, habla sobre lo que estás haciendo con la otra persona. Cuando quieras, habla de tus propios deseos (capítulo 43, «Di qué quieres»). Prueba esto con una persona tras otra.

Esta práctica puede parecer exigente, pero en realidad, cuando haces el cambio, es como caminar cuesta abajo con el viento a tu espalda. Sigues ocupándote de tus propias necesidades, no dejas que la gente te presione y te mantienes apartado de embarazosas discusiones ofreciendo información (razonable) lo mejor que puedes.

Considera cómo es estar con personas que se preocupan de sí mismas mientras te dan lo que quieres lo mejor que pueden. Así es estar contigo cuando tú haces lo mismo.

38

Observa tu papel

En situaciones o en relaciones con cualquier tipo de problemas, es natural centrarse en lo que *otros* han hecho mal. Esto puede ser útil durante un tiempo, ya que destaca lo que te preocupa. Pero también tiene un precio: fijarse en las cosas que los demás hacen mal resulta estresante. Además, hace que sea más difícil ver sus buenas cualidades... y cualquiera que sea tu papel en el asunto.

Por ejemplo, supongamos que trabajas con alguien que te critica injustamente. Por otra parte, él podría estar haciendo bien las cosas en otras áreas. También podrían estar implicados factores adicionales, como compañeros de trabajo a los que les gusta chismear. E incluso también podrías tener tu propio rol, tal vez sin darte cuenta.

Para ser claros, *a veces realmente no tenemos ninguna culpa en lo que ha pasado,* como cuando te atropella un conductor ebrio cruzando una calle con el semáforo para peatones en verde. En otras situaciones, tu propio papel puede ser muy pequeño y no justifica las acciones lesivas de los demás. Saber que puedes reconocer y, si es necesario, afirmar lo que *no* es por el papel que has desempeñado te da espacio para reconocer lo que *sí* lo es.

Por lo general, tenemos más influencia sobre nosotros mismos que sobre otras personas. Nunca he sido capaz de hacer las paces con algo que me molesta hasta que asumo la responsabilidad de cualquiera que sea mi parte en ello. ¡La cual, después de reflexionar, a veces no es nada! Pero la *voluntad* de ver tu propia parte puede darte confianza en tu bondad y tus esfuerzos sinceros, y saberlo acerca de ti mismo es una verdadera fuente de paz interior.

Cómo

Dado que puede suponer todo un desafío mirar de frente a tu propio papel en una situación, comienza por dotarte de recursos: recuerda la sensación de ser querido, busca una sensación de algunas de tus buenas cualidades y recuérdate los beneficios que tanto para ti como para los demás se derivarán de ver tu papel.

A continuación, elige una situación o una relación complicada que involucre a otra persona… y tómate un tiempo para considerar:

- De qué maneras la persona realmente te ha tratado mal a ti y tal vez a otros.
- De qué maneras esta persona quizás te haya beneficiado a ti y a otros.
- Los efectos sobre otras personas, la sociedad y la historia.

A continuación, considera tu propio papel en el asunto, sea cual sea. Para hacerlo, va bien clasificar tus acciones –de pensamiento, palabra o acción– en los tres grupos que exploramos por primera vez en el capítulo 11 («Perdónate»):

- **Inocente.** Simplemente estar presente cuando ha pasado algo; no hacer nada malo; ser acusado de cosas que no has hecho; ser atacado por género, edad, etnia, apariencia u otras fuentes de discriminación.
- **Oportunidades para una mayor destreza.** Darse cuenta de que determinada palabra es comprensiblemente ofensiva para los demás; reconocer que has reaccionado exageradamente ante algo; decidir ser un padre más comprometido o darle más atención a tu pareja.
- **Culpas morales.** Son ocasiones en las que violamos nuestro propio código profundo de integridad y merecemos un gesto de remordimiento sano. Todos cometemos culpas morales, como

ser injustos, menospreciar a los demás, guardar rencor, mentir, tratar a las personas como si no nos importaran, abusar del poder, ser irreflexivos o recurrir a la frialdad como arma.

La distinción entre oportunidades para una mayor destreza y culpas morales es realmente importante, y se aplica tanto a ti mismo como a otras personas con las que tienes problemas. A menudo, perdemos oportunidades de mejorar nuestra destreza porque pensamos que significará reconocer una culpa moral. A veces, las personas acusan a otras de culpas morales cuando en realidad se trata de una corrección de la destreza, lo que por lo general provoca que la otra persona esté aún menos decidida a hacer esa corrección. Sin duda, lo que es una cuestión de corrección de destreza para una persona puede parecer una culpa moral para otra; tienes que decidir por ti mismo.

Cuando asumes la responsabilidad de tu papel, ten compasión de ti mismo. Recuerda que rodeando ese papel hay todo tipo de buenas cualidades en ti, y ver tu papel es otra expresión de tu bondad inherente. Debes saber estas cosas y absorberlas.

Deja que las oleadas de tristeza o de remordimiento te atraviesen mientras observas tu papel. Déjalas que vengan y que se vayan. No te obsesiones con la culpa, ya que debilita observar tu propio papel y hacer algo al respecto. Recuerda que tu papel no minimiza el papel de los demás.

Valora que encarar tu papel a veces puede ayudar a que otros encaren el suyo.

Cada vez más, trata de encontrar tu camino hacia una especie de paz. Cuando ves tu papel con claridad y con todo el corazón, entonces no te estás resistiendo a nada. Y nadie puede decirte algo sobre tu propio papel que no sepas ya. Hay alivio, tranquilidad y apertura, una sensación creciente de tu propio buen corazón.

Luego, con delicadeza, fíjate si se te ocurre alguna acción que sea sabia y útil.

Tal vez comunicarte con los demás, tomar alguna resolución sobre el futuro o hacer alguna enmienda. Tómate el tiempo necesario; puedes confiar en ti mismo para saber qué hacer.

Cuando tengas una idea de los beneficios de ver tu parte, internalízala. ¡De verdad te lo mereces! Reconocer tu propio papel en una situación complicada es una de las cosas más difíciles, y creo que más honorables, que una persona puede hacer.

39

Admite la culpa
y sigue adelante

Recuerda alguna ocasión en la que alguien te tratase mal, te decepcionase, te hablase con dureza, cometieses un error, te equivocases en un hecho o te afectase negativamente, aunque ésa no fuera tu intención. (A esto es a lo que me refiero, en términos generales, como *culpa).* Si la persona se negó a admitir la culpa, es probable que te sintieras consternado, frustrado y menos dispuesto a confiar en ella en el futuro.

Las relaciones se ven minadas por culpas no admitidas. En cambio, si esta persona reconoció su culpa, eso podría haberte ayudado a sentirte más seguro, más acogedor hacia ella y más dispuesto a admitir tus propias culpas.

Una vez quedé para cenar con nuestro hijo ya adulto y me habló sobre la intensidad con que a veces exponía mis propias opiniones cuando él era niño. Farfullé y esquivé un rato la respuesta, pero finalmente tuve que admitir la verdad de lo que me estaba diciendo (y reconocerle el coraje que tuvo de decirlo), y le dije que no volvería a hacerlo. Cuando lo dije, él se sintió mejor y yo me sentí mejor. Y entonces pudimos pasar a cosas buenas… ¡como más sushi!

Cómo

Recuerda que lo mejor para ti es admitir la culpa y seguir adelante. Admitir la culpa puede parecer debilidad o que les estás dando a otros un pase gratis por *sus* culpas. Pero en realidad, se necesita ser una persona fuerte para admitir la culpa y te coloca en una posición más fuerte ante los demás.

Mentalmente, separa tu culpa de los otros aspectos de la relación. Intenta no hacer que la culpa sea más grande de lo que realmente es. Sé concreto en cuanto a cuál es la culpa. Tú eres el juez final. Trata de no quedarte atrapado en la culpa o la autocrítica; date compasión y respeto, como hemos explorado en la primera parte.

Admite claramente la culpa a la otra persona. Sé simple y directo. Puedes describir el contexto —tal vez estaba cansados o molesto por otra cosa—, pero trata de evitar justificarte o excusarte. A veces, sobre todo en situaciones cargadas, es mejor reconocer tu culpa sin ninguna explicación.

Trata de ser empático y compasivo con las consecuencias de tu culpa para la otra persona. Puedes recordarte por qué es bueno para *ti* hacerlo. Mantente en el tema de la culpa un tiempo razonable, pero no tienes que dejar que otras personas te machaquen repetidamente por cosas que ya has admitido.

Si es relevante, podría ser útil decir cómo la otra persona podría ayudarte a evitar este error en el futuro. Por ejemplo, si te interrumpiera menos durante las reuniones de trabajo, te podría resultar más fácil evitar un tono de voz irritado. Si tu pareja colaborara más en las tareas del hogar y en el cuidado de los niños, es posible que tuvieras más paciencia cuando vuestros hijos se pelean al final de un largo día. Una estructura que funciona bien es algo así: «De verdad, no quiero volver a hacer X, y asumo la responsabilidad. No te culpo por X. Además, de hecho, me ayudaría si tú hicieras Y; esto es todo lo que te pido». En este punto, ten cuidado de no entrar en una contraacusación irritada sobre cómo siempre hace Y, y lo mal que lo hace, y lo verdaderamente mal que lo hace, y así sucesivamente. Estás haciendo una petición —una petición que obviamente es razonable— y la otra persona hará Y, si quiere. Estarás atento y verás qué hace. Mientras tanto, en la medida de lo posible, evita hacer X.

Prométete a ti mismo, y quizás a la otra persona, que no volverás a cometer este error. Si cometes un desliz, admítelo y vuelve a prometerte que en el futuro evitarás cometer ese mismo error. Estas promesas aseguran que no estás haciendo un simple gesto para quitarte de encima a la otra persona y te llenarán de orgullo a la vez que tranquilizarán a los demás.

Cuando te sientas bien, deja de discutir tu culpa. Y luego –por Dios– es hora de seguir adelante. Pasar a temas más positivos y a formas más productivas de relacionarte con la otra persona. Y pasa a sentirte tú mismo más ligero y transparente.

40

Abandona el «caso» contra alguien

Hace unos años, estaba realmente atrapado en una especie de «caso» contra alguien. Era una combinación de críticas hacia esa persona, enfados con otros que no me habían defendido y sentirme herido por debajo de todo. No es que no me hubiera tratado mal; realmente lo había hecho. El problema era que mi caso estaba sesgado hacia mi propio punto de vista, saturado de ira y repleto de yo-yo-yo. Cada vez que pensaba en ello, me alteraba y me irritaba. Se sentía fatal. Mi caso creaba problemas con otras personas que me apoyaban, pero tenían miedo de verse arrastradas por mis diatribas. Todas mis cavilaciones apartaban la atención y la energía de cosas más felices y productivas.

En una relación complicada, una de las personas (o ambas) a menudo tiene una detallada lista de exigencias contra la otra persona. Es dolorosamente normal. Aun así, va muy bien entender que puedes ver a las personas claramente por lo que son, reconocer los daños que te han hecho a ti o a otras personas, sentir compasión y apoyo por ti mismo, y tomar las medidas apropiadas; todo ello sin verte secuestrado por un caso airado y justo contra alguien.

Cómo

Elige una relación complicada y fíjate si tienes un caso contra esa persona. Probablemente esté relacionado con una queja, una animadversión o un conflicto. Distánciate un poco y resúmelo para tus adentros. Considera cómo puede haber influido tu historia vital a la hora de intensificar o dar forma al caso, incluidas relaciones anteriores que se remontan a la infancia. Por ejemplo, de pequeño, era un niño tímido y callado y estaba enfadado con los «niños guais» que mandaban en los grupos que me excluían en la escuela. Incluso hoy en día, esos viejos sentimientos pueden provocar una fuerte reacción de quedar apartado de algo.

A continuación, considera estas cuestiones:

- ¿Cuáles han sido los «beneficios» que has tenido al presentar este caso? Por ejemplo, quizás tus críticas hacia la otra persona te hayan ayudado a evitar sentirte realmente triste por lo que ha pasado en esta relación.
- ¿Cuál es el precio pagado por ti –y quizás por otras personas– de verte atrapado en este caso? Tal vez tu sueño se ve alterado y has puesto a amigos comunes en una situación incómoda.
- ¿Vale la pena el precio pagado?
- ¿Puedes tener cierta compasión contigo mismo, mientras reflexionas sobre todo esto?

En el futuro, observa cómo comienzan a formarse en tu mente varios casos, que tratan de atraparte. Puedes percibir su sensación en el cuerpo, como una mirada irritada en el rostro, cierta tensión en la barriga y una sensación general de estar revolucionado. A continuación, contempla si puedes interrumpir el proceso de creación del caso. Céntrate en esos dulces sentimientos subyacentes que están dentro de ti y ofréceles compasión.

Si tu mente intenta regresar a la actividad verbal del caso, vuelve tu atención hacia tus sentimientos y tus sensaciones corporales subyacentes.

Deja que la carga emocional del caso pasé rápidamente, se vaya, desaparezca. Permítete ver con claridad, como desde la cima de una montaña. Siente tu propia sinceridad, tu propio buen corazón. Deja ir el caso, suéltalo, como si dieras la vuelta a la mano y dejaras caer un gran peso.

¡Qué alivio!

41

Corrige cuando estés equivocado

Es fácil tratar bien a las personas cuando te tratan bien a ti. La verdadera prueba es cuando te tratan mal. Es normal querer devolver el golpe. Puedes sentirte bien… durante un tiempo. Pero entonces la otra persona también podría reaccionar de forma exagerada y entrar en un círculo vicioso. Podrían involucrarse otras personas y enturbiar aún más la situación. No nos vemos muy bien cuando actuamos enfadados, y otros nos lo recuerdan. Se vuelve más difícil resolver los problemas de una manera razonable. Es posible que cuando te calmes te sientas mal por dentro.

Así pues, exploremos cómo puedes defenderte sin los excesos pasionales que tienen malas consecuencias para ti y para los demás.

Cómo

Puedes utilizar estas sugerencias tanto en el calor del momento como como un enfoque general en una relación complicada.

Céntrate

Este paso puede requerir sólo unas pocas respiraciones, o si lo deseas, unos minutos. He aquí una revisión rápida de los primeros auxilios psicológicos:

- **Frena.** Rara vez te metes en problemas por lo que *no* dices o haces. Cuando trabajo con parejas, gran parte de lo que trato de hacer es frenar para evitar reacciones en cadena descontroladas.
- **Ten compasión de ti mismo.** Ésta es una sensación de «Ay, esto duele». Siento amabilidad y empatía por mi propio sufrimiento.
- **Ponte de tu lado.** Ésta es una postura de estar a favor de ti mismo, no en contra de los demás. Eres tu propio aliado y eres fuerte en tu propio nombre.

Valora la importancia

¿Cuáles son los valores o los principios importantes que la otra persona puede haber violado? Por ejemplo, en una escala de horror del 0 al 10 (una mirada de odio es un 1 y una guerra nuclear es un 10), ¿cómo de malo ha sido lo que la otra persona ha hecho o está haciendo? ¿Qué importancia le estás dando a los acontecimientos? ¿Son rigurosos y proporcionales a lo que ha pasado? Los acontecimientos no tienen una importancia inherente; la importancia que tienen para nosotros es la importancia que les damos. Si lo que ha pasado es un 3 en la escala de horror, ¿por qué tener reacciones que son un 5 (¡o un 9!) en la escala de malestar del 0 al 10?

Mira la imagen general

Tómate unos instantes para centrarte en tu cuerpo como un todo…, la habitación como un todo…, levanta la mirada hacia el horizonte o más arriba…, imagina el suelo y el cielo alejándose de donde sea que estés… y observa cómo esta sensación del todo más amplio es tranquilizadora y esclarecedora. Luego sitúa lo que esta persona ha hecho en el marco más amplio que tu vida presenta. Lo que ha hecho podría ser una pequeña parte de ese todo.

De la misma manera, coloca lo que ha pasado dentro del enorme lapso de tu vida; aquí también supone muy probablemente una pequeña fracción.

Más allá de las formas en que has sido agraviado, ¿cuáles son algunas de las muchas muchas cosas de tu vida que son buenas? Intenta tener una idea de docenas y docenas de cosas genuinamente buenas, en comparación con las que han sido malas.

Consigue apoyo

Cuando alguien nos ha tratado mal, necesitamos que otros «den testimonio», incluso aunque no puedan cambiar nada. Trata de encontrar personas que puedan apoyarte de manera imparcial, sin exagerar ni minimizar lo que ha sucedido. Busca buenos consejos de un amigo, de un terapeuta, de un abogado o incluso de la policía.

Ten perspectiva

En los próximos capítulos, te mostraré sugerencias específicas sobre cómo hablar sobre temas difíciles, resolver conflictos y, si es necesario, reducir una relación a un tamaño que sea segura para ti. Ahora me estoy centrando en la imagen general.

Escucha tu intuición, tu corazón. ¿Hay algún principio rector para ti acerca de esta relación? ¿Puedes ver algún paso clave a seguir que se encuentre bajo tu propia influencia? ¿Cuáles son tus prioridades, como mantenerte a salvo a ti y a los demás? Si te escribieras una breve carta a ti mismo con unos buenos consejos, ¿qué podría decir?

Reconoce que algunos errores nunca se podrán corregir. Esto no significa minimizar o excusar el mal comportamiento. Es sólo una realidad que a veces no puedes hacer nada al respecto. Cuando sea el caso, observa si puedes sentir el dolor del daño que nunca podrá repararse, con compasión por ti mismo.

Sigue un mejor camino

Cuando alguien te ha agraviado, es especialmente importante (¡aunque puede ser realmente difícil!) comprometerte a practicar la virtud unilateral, como hemos explorado en el capítulo 24 («Ocúpate de tus asuntos»). Ten en cuenta cuáles son tus propios pros y contras. Ante ciertas situaciones y personas, es útil recordarme «instrucciones» específicas, tales como «Mantente centrado; no hagas caso a sus acusaciones que te distraen», «Sigue respirando», «Mantente comedido y no te distraigas» o «No sientas que necesitas "demostrar algo" o justificarte». Sintoniza también con la sensación de estar tranquilo y centrado.

Si vas a volver a interactuar con esta persona, piensa cómo te gustaría comportarte en situaciones específicas, como una reunión familiar, una evaluación de rendimiento en el trabajo o encontrarte con una anterior pareja estando con tu pareja actual. Puedes «ensayar» mentalmente respuestas hábiles a diferentes cosas que esa persona podría decir o hacer. Puede parecer exagerado, pero practicarlas mentalmente te ayudará a hacerlas realidad si la situación se pone tensa.

Intenta mantenerte al margen de las peleas. Una cosa es trabajar con alguien para resolver un problema. Pero otra cosa es estar metido en peleas y disputas recurrentes. Las peleas carcomen, como el ácido, una relación. A los veinticinco años tenía una relación seria, pero nuestras frecuentes riñas acabaron quemando tanto mi corazón que ya no pudo crecer en él el tipo de amor necesario para el matrimonio.

Si la otra persona comienza a exaltarse (a hablar más alto, a provocar, a amenazarte, a criticarte), apártate ex profeso de ella, respirando lenta y profundamente, y sin dejar de buscar esa sensación de fuerza tranquila dentro de ti. Cuanto más pierda el control esa persona, más autocontrol puedes tener tú.

La mayor parte de las veces, te darás cuenta de que *simplemente no tienes que resistirte a la otra persona.* Sus palabras pueden pasar como una ráfaga de aire que hace mover algunas hojas en el camino. No tienes que ser beligerante. Tu silencio no significa acuerdo. Tampoco significa que la otra persona haya ganado el punto, y, aunque hubiera sido así, ¿tendría la misma importancia dentro de una semana o de un año?

Si te encuentras insistiendo en que tienes razón y que la otra persona está equivocada, subiendo las revoluciones, calentándote y con el arma desenfundada… intenta hacer sonar una pequeña campana de alarma interior de que has ido demasiado lejos, respira una vez más y reorganízate. Así podrías decir lo que estás pensando de una manera menos agresiva o más comprensible. Decir menos para comunicar más. O podrías dejar de hablar, al menos durante un rato. Muy a menudo, cuando insisto en un punto en el que creo que tengo razón, me pregunto «¿Por qué estoy hablando?» o «¿¡Por qué sigo hablando!?».

Puedes reconocerle a la otra persona que os habéis metido en una especie de discusión y añadir que esto no es lo que realmente pretendías. Si esa persona trata de seguir con la disputa, no tienes por qué hacerlo. Dos no se pelean si uno no quiere.

Si es necesario, deja de relacionarte con la persona que te ha hecho daño, bien sea por un tiempo o definitivamente. Sal de la habitación (o del edificio), cuelga el teléfono, deja de enviar mensajes de texto. Ten presente cuáles son tus límites y qué harás —de manera concreta, práctica— si alguien cruza una línea.

Quédate tranquilo

Algunos van a hacer lo que quieran y, siendo realistas, a veces puede que no sea muy bueno. Muchos desilusionan: tienen un millón de cosas dando vueltas en su cabeza, han tenido una vida muy dura, han pasado muchos problemas durante la infancia, su ética es confusa, tienen el pensamiento nublado o el corazón frío, o son verdaderamente egoístas y mezquinos. Es el mundo real, y nunca será perfecto.

Por nuestra parte, necesitamos encontrar la paz en nuestro propio corazón, incluso aunque la paz no esté presente en el mundo, una paz que proviene de tener los ojos y el corazón abiertos, hacer lo que podamos y dejar ir a lo largo del camino.

42

Habla sobre hablar

He trabajado con muchas personas que tienen problemas entre ellas. Los detalles varían. Pero por debajo de todo solía haber un único problema fundamental: no podían hablar sobre sus problemas de manera efectiva. Subía el tono de voz, la conversación se volvía acalorada, una persona seguía esquivando el tema en cuestión, otra explotaba y arruinaba la conversación, aparecían las amenazas y la gente se quedaba sentada en un silencio lúgubre y pétreo. En casos extremos, aparecían los gritos y chillidos, los niños observaban asustados y horrorizados, se decían cosas crueles y, a veces, alguien tenía que llamar a la policía.

Un buen proceso conduce a unos buenos resultados, mientras que los malos resultados provienen de un mal proceso. Si los resultados en nuestras relaciones no son muy buenos, es nuestro *proceso* el que necesita mejorar.

Cuando hablas sobre hablar con otras personas, el foco se aleja de los temas concretos que hay sobre la mesa, que pueden resultar cargados, incluso explosivos. Estás alejándote para ver la relación a vista de pájaro, y en sí mismo esto puede resultar tranquilizador. Entonces podéis hablar cómo hablar entre vosotros de manera más respetuosa y efectiva.

Cómo

Pautas y objetivos compartidos

Incluso aunque se trate de una persona que sigue yendo por el mal camino, trata de abordarlo como un problema —y una oportunidad— de «nosotros» en lugar de «yo corrigiéndote». Deja bien a las claras que las «reglas a seguir» se aplicarán a ambos. Menciona vuestros objetivos compartidos, como cooperar en la educación de vuestros hijos aunque estéis divorciados, mantener reuniones laborales que sean productivas o tener una amistad armoniosa en la que ambos os sintáis escuchados y respetados. Enfatiza tu deseo de comprender a la otra persona y de satisfacer sus necesidades lo mejor posible, como, por ejemplo «Quiero saber qué he hecho que te haya afectado tanto, y podrías ayudarme a saberlo si no me gritas» o «Como tú, quiero asegurarme de que esto no vuelva a pasar desapercibido; así pues, ¿podemos precisar por qué ha pasado esta vez?».

Baja la tensión

Si necesitas hablar sobre hablar, las cosas ya podrían estar tensionadas y la gente podría estar a la defensiva. Por lo tanto, es bueno presentar este tema de manera que no haga subir la tensión. Ayudará centrarse en el futuro en lugar de criticar el pasado. Por ejemplo, podrías decir «En el futuro, cuando alguien haga una sugerencia laboral, ¿podríamos comenzar diciendo lo que nos gusta de su idea antes de entrar en los posibles problemas potenciales que tenga?».

Bajo determinadas condiciones, es posible que debas ser insistente, como «Si sigues hablándome así, finalizaré esta llamada». Pero, por lo general, las peticiones serán más fáciles de escuchar que las demandas. Por ejemplo: «No intento controlar cómo hablas. Sólo te pido —y es una petición, y no una orden—, por el bien de nuestros hijos, si pudiéramos hablar entre nosotros de una manera diferente».

Sin culpar a los demás, podrías referirte a tus propias necesidades o preferencias, como: «He tenido un padrastro muy autoritario y chillón, así que cuando te pones intenso, me resulta difícil estar atento a lo que me estás diciendo». O podrías enmarcar tus peticiones en términos de diferencias culturales –ni buenas ni malas, simplemente diferentes–, tales como: «En tu familia, las personas son amables y ruidosas, y hablan todas a la vez, lo cual está bien. En cambio, yo crecí en un ambiente diferente, en el que las personas eran más estiradas y se turnaban para hablar. Si sólo nos estamos divirtiendo, me gusta tu estilo. En cambio, cuando estamos hablando de algo importante –y es sólo por culpa de mis orígenes–, agradecería que me escucharas antes de intervenir».

Por cierto, mis ejemplos provienen de mi propia forma de hablar, moldeada por crecer en California y ser terapeuta, y puedes adaptarlos a tu propio estilo y a tu situación. Si bien a veces puede parecer que voy con pies de plomo, he aprendido (dolorosamente) que tener mucho cuidado cuando hablas puede evitar conflictos adicionales.

Cuándo poner «hablar» sobre la mesa

En el transcurso de una conversación o de una reunión, puedes hacer pequeñas sugerencias para volver a encarrilar el proceso. Por ejemplo, podrías preguntar «Lo siento, me he perdido un poco. ¿Cuál es tema que estábamos tratando?». O podrías decir «Creo que nos estamos sulfurando un poco –sé que yo también–, así que espero que podamos calmarnos un poco». O podrías ser muy directo con algo así: «Por favor, no te interrumpiré y te agradecería que no me interrumpas tú a mí». O: «Si te molesto, ¿podrías hablar conmigo en lugar de contárselo a otras personas?».

Si bastan estos comentarios sobre la marcha, genial. De lo contrario, podrías centrarte específicamente en cómo interactuáis tú y la otra persona. Si las cosas son relativamente amistosas e informales, podrías decirle algo así: «He observado que cuando hablamos de X, chocamos por todas partes y no acabamos resolviéndolo. Sé que soy culpable en gran medida. ¿Podemos hablar sobre qué podría ayudarnos a llegar a una conclusión?». En cambio, si hay conflictos serios y temperamentales, podría ser apropiado decir «Me gustaría reunirme contigo y un terapeuta [o el gerente] para discutir sobre cómo nos hablamos y establecer algunas reglas básicas para el futuro. ¿Cuándo te vendría bien?». O podrías decirle: «Como estás tan enfadado y amenazador, ya no voy a hablar contigo en persona. Sólo me voy a comunicar por escrito, a través de mensajes de texto y correos electrónicos. Si me envías algo ofensivo, se lo pasaré a mi abogado».

No necesitas el permiso de nadie para hablar sobre hablar. Tampoco necesitas su acuerdo para trazar tus propios límites. No hace falta que hagas lo imposible para evitar la menor posibilidad de que la otra persona te diga que eres crítico con ella. Si intentáis cambiar de tema, podéis volver a la forma en que habláis entre vosotros.

Qué debéis y qué no debéis hacer

Tanto formal como informalmente, puede funcionar ser concreto y específico sobre cómo os gustaría hablar entre vosotros (aplicado a ambos). He aquí algunas sugerencias:

Qué hacer

- Practicad el «hablar sabiamente» (capítulo 30, «Mide tus palabras») diciendo aquello que es bien intencionado, verdadero, beneficioso, oportuno, no molesto y (si es posible) deseado.
- Empezad mostrando empatía hacia los sentimientos de la otra persona.
- Decid lo que os gusta o con lo que estáis de acuerdo antes de decir lo que no os gusta o con lo que no estáis de acuerdo.
- Tomaos algo de tiempo para reconectar cuando lleguéis a casa del trabajo antes de meteros en la resolución de problemas.
- Cuando sea apropiado, utilizad una forma simplificada de la «comunicación no violenta» desarrollada por el psicólogo Marshall Rosenberg: «Cuando pasa X [expresado de manera específica y objetiva; no cuando eres un idiota], siento Y [emociones;

no siento que seas un idiota], porque necesito Z [necesidades profundas como estar a salvo, ser respetado, estar emocionalmente cerca de los demás, que no me manden]».

- Turnaos con los temas de cada uno. Daos aproximadamente el mismo tiempo para hablar.
- Seguid prestándoos atención.
- Preguntaos si es un buen momento para hablar.
- Pensad en vuestro impacto, incluso aunque no sea intencionado, sobre alguien de un entorno diferente.
- Tomaos un descanso si os estáis exaltando; acordad cuándo volver a la conversación para terminarla, en lugar de evitarla.

Qué no hacer

- Chismear el uno del otro o deslegitimaros el uno al otro con compañeros de trabajo, amigos, hijos o familiares.
- Mentir o engañar.
- Gritar, chillar, golpear la pared, tirar cosas.
- Jurar o maldecir el uno al otro.
- Insultar, faltar al respeto.
- Ser altivo, condescendiente o despectivo.
- Meterse a toda velocidad en un tema delicado.
- Discutir cuando tenéis hambre, estáis cansados o habéis bebido alcohol.
- Incluir problemas secundarios, especialmente los incendiarios.
- Obstaculizar, esquivar o negarse a abordar determinados temas.
- Ponerse a la defensiva o contraatacar para evitar tratar algún asunto.
- Nunca nunca ser violento o amenazante.

Podríais escribir vuestra propia versión de lo que se debe y lo que no se debe hacer y luego pegarla en la nevera de casa o enviársela a alguien como las reglas básicas sugeridas sobre cómo hablaréis entre vosotros a partir de ahora. De una manera más amplia, podríais encontrar un libro que os guste a los dos y poneros de acuerdo en utilizarlo como una especie de manual para vuestra relación. Hay muchas excelentes guías, pero una de mis favoritas es *Di lo que quieres decir*[1] del experto en comunicaciones Oren Jay Sofer.

Si te apartas de las pautas, reconócelo y vuelve «dentro de los límites». Si la otra persona se aparta de las normas, por lo general es importante llamarle la atención y pedirle que no lo haga, ya que, de lo contrario, pensará que está bien saltarse las normas. Si alguien dice que quiere mejorar su proceso contigo, pero sigue saltándose las reglas, ese hecho pasa al primer punto de la lista de lo que es importante abordar con él. Si aun así sigue violando vuestros límites, es posible que debas distanciarte de él tanto como puedas.

Puedes dejar pasar las pequeñas cosas y estar de acuerdo con un estilo natural y relajado de hablar, siempre y cuando no se vuelva abusivo. Pero, en general, tómate en serio cómo te hablan los demás y cómo les hablas tú, y en serio cómo se desenvuelven las interacciones, sobre todo las relaciones importantes. Tienes derechos y necesidades legítimos. Casi con toda seguridad, muchas otras personas querrían ser tratadas de la manera que tú pides. No estás siendo demasiado sensible o delicado, sino que estás buscando el bien mayor en tus interacciones y tus relaciones, y tú mismo estás dispuesto a cumplir las reglas.

---

1. *Di lo que quieres decir: Cómo tener diálogos cercanos y sinceros a través de la comunicación no violenta.* Ediciones Urano, Madrid, 2020.

43

Di qué quieres

Nacemos queriendo. Desde la primera respiración, queremos consuelo, comida y la sensación de otros que nos cuidan. Los niños quieren cosas de sus padres. Y los padres queremos cosas de ellos, ¡como que se vuelvan a dormir a las tres de la madrugada! Querer es natural. Como dependemos unos de otros, por supuesto que queremos cosas unos de otros.

Cuando pasamos de la infancia a la edad adulta, nuestros deseos se vuelven más complejos. Expresarlos puede volverse emocionalmente cargado, cauto o contenido. Por común que sea, es un cuello de botella central y un obstáculo en las relaciones. No puedes hacer acuerdos con otras personas sobre lo que quieres si no puedes decir de qué se trata.

Cómo

En este capítulo nos centraremos en cómo puedes aclarar y comunicar *tus* deseos. Esto también podría ayudarte a comprender y a responder mejor a los deseos de los demás. Después de leer este capítulo y aplicártelo a ti mismo, podrías pensar en una persona importante en tu vida y considerar qué podría querer en general… y en particular de ti.

Sé consciente de querer

Algunos deseos son fáciles de expresar, como «Por favor, abre la puerta». Es potencialmente más arriesgado hablar de aquellos deseos en los que hay más en juego y que, por lo tanto, son más difíciles de decir. Dependiendo de la situación, entre los ejemplos se incluyen:

- Me gustaría desempeñar un papel más de liderazgo en este equipo.
- Quiero más crédito por mis logros en esta empresa.
- Me gustaría que me prestaras toda la atención cuando hablamos.
- ¿Puedes ser cariñoso sin que siempre se vuelva sexual?
- Necesito más tiempo a solas.
- Tienes que hacer tu parte a la hora de lavar los platos.
- ¿Podemos hacer el amor una o dos veces a la semana?
- No quiero tener hijos y sé que tú sí.
- Necesitamos ahorrar más dinero para cuando ambos estemos jubilados.
- Me siento triste y quisiera un poco de consuelo.
- Quiero darte todo el amor de mi corazón.

Cuando leías los ejemplos anteriores, ¿ha habido alguno que te haya llamado algo la atención, tal vez con un pensamiento como «Vaya, ¿no podría decirle eso?». Es normal tener sentimientos e inhibiciones que reprimen lo que queremos y cómo hablamos de ello. Por ejemplo, bien entrada la veintena me era muy difícil expresar mis deseos de ser amado.

Trata de ser consciente de los sentimientos y quizás de los bloqueos que aparecen cuando te acercas a decir algo importante que quieres. Por ejemplo:

- Puedes tener un nudo en la garganta, una sensación de vacío en la boca del estómago, una ansiedad creciente, temor a las reacciones de la otra persona o una sensación de derrota anticipada en una relación con conflictos recurrentes.

- Observa cualquier desviación de ser franco y directo, como el empleo de eufemismos, de términos vagos o abstractos, o de aproximaciones superficiales a lo que realmente te importa (por ejemplo, obsesionarse con la única palabra incorrecta que alguien ha utilizado, en lugar de hacer una petición sensible de más respeto en general).
- Sé consciente de cualquier relación con la forma con que has sido educado; por ejemplo, evitar temas como el sexo o el dinero. ¿Cómo expresaban sus deseos tu madre y tu padre? ¿Cómo respondían cuando expresabas los tuyos?
- Considera cómo has sido socializado en términos de género, de clase social, de raza, de religión o de la cultura general en la que has crecido o vives ahora. ¿Qué se supone que quieren las personas «como tú» y cómo se supone que hablan de ello?

Cuando profundices en la conciencia de tus reacciones, éstas tendrán menos poder sobre ti y serás capaz de decir mejor lo que realmente quieres.

Ten conocimiento de lo que quieres

Imagina a una persona muy amable y solidaria –puede ser alguien que conoces, como un profesor o un guía espiritual– que te pregunta qué es lo que realmente quieres de la vida en general y también con respecto a determinados problemas, relaciones o situaciones. ¿Qué quieres de unas personas concretas? ¿Qué te gustaría que sintieran por ti? ¿Qué te gustaría que dijeran o hicieran? Piensa en situaciones pasadas que salieron mal, como una gran discusión; ¿qué te gustaría que la otra persona hubiera hecho de manera diferente y qué harías tú de manera diferente en el futuro? Tómate un tiempo con estas preguntas.

Mentalmente o por escrito, ¿qué respuestas te surgen? En este ejercicio, ¿cómo te sientes expresando plenamente tus deseos, en un espacio seguro y receptivo, y que este ser imaginario los escuche profundamente? Puedes confiar y valorar este sentimiento.

Por lo general, lo que queremos tiene dos aspectos: (1) una experiencia que es (2) el resultado de una acción o una situación. La experiencia en sí misma es el oro, y la acción o la situación es un medio para ese fin. Por ejemplo, es posible que quieras que alguien valore más tu opinión en el trabajo: esa valoración —mostrada mediante elogios o simplemente un tono de respeto— es un medio para el fin de la experiencia de sentirse valorado, incluido o querido. Este punto aparentemente obvio tiene enormes implicaciones: significa que *no estamos tan atados a acciones o situaciones particulares para tener las experiencias que anhelamos*. Puede haber muchas maneras de sentirse respetado, valorado y querido. Podemos obsesionarnos con personas particulares que dicen cosas particulares de maneras particulares para tener una experiencia deseada. Si lo hacen, bien, pero si no, ¿dónde te deja eso? Así pues, cuando explores tus deseos, sigue resaltando las experiencias que buscas, incluidas sus capas más profundas y suaves. Trata de identificar un abanico de cosas que otros podrían hacer para fomentar estas experiencias. Entonces hay más flexibilidad en lo que les pedirás… y más probabilidades de que tengas las experiencias que deseas.

Es útil ser lo más claro y concreto posible sobre lo que te gustaría que hicieran los demás. Esta claridad tiene múltiples beneficios, entre los que se incluyen:

- Reducir los posibles malentendidos.
- Darte un sentimiento de autorrespeto de que realmente lo has dicho.
- A menudo, asegurar a los demás que lo que estás pidiendo es factible.
- En situaciones conflictivas, poner sobre aviso a los demás; entonces sabrás que saben, con una claridad inconfundible, qué quieres.
- Establecer una base sólida para llegar a acuerdos y una manera fácil de saber si el acuerdo se ha cumplido.

Piensa en una relación importante, tal vez una con desafíos complicados. ¿Cómo sería si la otra persona te diera lo que quieres? Por ejemplo, en el trabajo, ¿qué diría de ti en una reunión? ¿Qué salario te pagaría? ¿Cómo te apoyaría en la empresa? En casa, ¿cuántas noches a la semana haría la cena? ¿Qué tono dejaría de utilizar hacia tus hijos? ¿Cómo te tocaría? ¿Con qué frecuencia haríais el amor?

Intenta convertir sentimientos vagos en peticiones específicas. Supón que te gustaría sentirte «mejor» con alguien. ¿Qué significa? ¿Qué podría hacer esta persona que te ayudara a sentirte mejor con ella? Tal vez emplear un tono de voz más cálido, criticarte menos y reconocer más tus contribuciones. En la mayoría de las relaciones, incluso en el trabajo, podrías pedir estas cosas. Supón que quieres que tu pareja «ayudara más» en casa. ¿Qué significa esto realmente? Tal vez el «más» sería barrer la cocina todas las noches y tomar la iniciativa para averiguar qué hacer con las dificultades de lectura de vuestro hijo de ocho años.

Lo que queremos de los demás incluye lo que pasa dentro de sus mentes, no sólo lo que dicen y hacen. Dependiendo de la situación, es posible que quieras que alguien tenga más paciencia, se comprometa más con dejar de beber, se interese más por tu mundo interior o esté más dispuesto a asumir su parte de responsabilidad en un conflicto. Esto no significa convertirse en la Policía del Pensamiento. De la misma forma que puedes guiarte por un mejor camino dentro de tu propia mente, puedes pedirles a otros que hagan lo mismo.

Díselo

A menudo expresamos deseos implícitamente, como inclinarnos hacia una pareja para abrazarla. Si basta con una mirada o una insinuación, genial. Pero si no es así, entonces debes ser más explícito. En el próximo capítulo, exploraremos cómo llegar a un acuerdo sobre lo que tú y los demás queréis. Aquí nos estamos centrando en cómo poner tus deseos sobre la mesa.

Cuanto más difícil sea hablar de algo, más importante es que te apoyes a ti mismo antes de empezar. Puedes basarte en los capítulos de la primera parte, tales como encontrar una sensación de fuerza tranquila, aceptarte a ti mismo o saber que eres una buena persona. Imagina que un ser sabio está sentado a tu lado cuando empiezas a hablar, respetándote y animándote. Si puedes, encuentra un sentido de buena voluntad a la otra persona; no se la tienes jurada ni le tienes manía, aunque lo que quieres podría hacer que se sienta incómoda.

Construye unos cimientos con la otra persona lo mejor que puedas. En su innovador trabajo con parejas, John y Julie Gottman descubrieron que por lo general es mejor una transición lenta y suave hacia un tema importante que meterse de lleno de manera abrupta. Tómate un tiempo para establecer una conexión emocional. Habla primero sobre temas neutrales o agradables. ¿Puedes expresar algo de gratitud o amabilidad hacia la otra persona? ¿Cómo le va a la otra persona? Quieres que te escuche, por lo que es aconsejable escucharla. Esto no es ser manipulador, lo que implica engaño; lo que estás diciendo es sincero, aunque al mismo tiempo tenga el propósito de sentar las bases para una conversación más profunda.

El brillante terapeuta de parejas Terry Real enfatiza un marco de «nosotros», en lugar de «tú» por allá y «yo» por aquí. En este contexto podrías introducir el tema de qué quieres, haciendo referencia al apoyo a vuestra relación y vuestros objetivos comunes. En un entorno laboral, podría ser algo así: «Valoro nuestra relación laboral y tengo una sugerencia sobre cómo podríamos ser más efectivos juntos. ¿Podríamos hablar de eso? Y si no es ahora, ¿cuándo sería un buen momento para ti?». Con una pareja, podrías decir: «Eres realmente importante para mí y la forma en que estamos juntos también afecta a nuestros hijos. Últimamente me he sentido un poco incómodo y me gustaría hablar contigo sobre cómo podemos mejorar las cosas. ¿Te parece bien?».

Restablecer el marco de «nosotros» en el transcurso de una conversación puede ayudar, sobre todo si comienza a parecer que uno de vosotros o ambos os estáis apartando a vuestro rincón con los escudos levantados. Trata de obtener el consentimiento de la otra persona para mantener esta conversación, en lugar de simplemente incluirla. Puede sentir que hay una crítica incorporada a lo que quieres, pero el marco de «nosotros», junto con pedirle su consentimiento, podría ayudarlo a sentirse más cómodo y abierto. Aun así, tienes todo el derecho de decir lo que quieras, aunque realmente no quiera escucharlo.

Cuando pasas a tu asunto, podría ser útil mencionar las experiencias que estás buscando, enfatizando lo que es normal y universal. Por ejemplo, en el trabajo podrías decirle algo así a tu gerente: «Me encantaría que en el futuro me asignaran proyectos aún más desafiantes; me gusta la sensación de esforzarme y de que estoy siendo importante para nuestro equipo». A tu pareja, podrías decirle: «Sé que te preocupas por mí, pero, aun así, me gustaría oírte decirlo un poco más, ya que eso me haría sentir muy bien por dentro». Si te sientes bien, podrías esforzarte por ser lo suficientemente valiente como para revelar los anhelos más profundos de tu corazón, como: «Eres especial para mí y quiero sentir que yo también soy especial para ti».

Habla sobre el pasado si es necesario, pero, tanto como sea posible, *transforma las quejas sobre el pasado en peticiones para el futuro.* La gente puede discutir para toda la vida sobre lo que realmente ha pasado, quién ha hecho qué y cuán importante ha sido. Pero no tienes que discutir sobre el pasado para ponerte de acuerdo sobre lo que harás *a partir de ahora*. ¡Es increíblemente esperanzador! Y cuando expresas tus deseos en términos de peticiones, es más fácil que los demás los escuchen sin que sientan que se les están dando órdenes. Por lo general, no se puede obligar a la gente a hacer nada; en cambio, sí se le puede preguntar de manera clara, persuasiva y, si es necesario, firme. No estás siendo un pusilánime cuando pides algo. Observarás y verás qué hace la otra persona, y entonces decidirás cómo vas a responder.

Si la otra persona sigue mencionando el pasado o culpándote, puedes volver a centrarte en el futuro, como en este ejemplo de diálogo:

Persona A: No me gusta nada cuando nos gritamos, y me gustaría que no lo hiciéramos.

Persona B: ¡Eres tú quien siempre está gritando!

Persona A: [pensamientos: *Eso no es cierto; arrg; pero discutir sobre el pasado me distraerá de lo que quiero en el futuro].* Pasara lo que pasara, quiero que dejemos de gritarnos a partir de ahora. A mí me resulta bastante molesto.

Persona B: Me estás culpando de nuevo de que te molesto.

Persona A: No me gusta cuando *yo* grito, no sólo cuando gritas tú. No te voy a gritar más y te pido que no me grites. ¿De acuerdo?

Persona B: Yo nunca grito. Estás exagerando.

Persona A: Entonces no nos supondrá ningún problema no gritar-nos. Bien, ¿no gritaremos de ahora en adelante?

Persona B: Sí, claro. Como quieras.

Persona A: Es muy importante para mí. Dices que no me gritas. Te lo agradezco, y no voy a gritarte.

Persona B: Siempre estás tratando de controlarme. Del mismo mo-do que eres muy controlador con nuestro hijo.

Persona A: [pensamientos: *¡Hala! Esto es un golpe bajo, y ha sacado a nuestro hijo para picarme. Son cosas de las que quizás quiera hablar más adelante, pero ahora mismo voy a centrarme en no gri-tar*]. Estoy tratando de cambiar nuestra relación para que no nos gritemos. Si eso es controlar, sirve para los dos. Estoy contento de que a partir de ahora no vamos a gritarnos el uno al otro. De verdad, te doy las gracias de que estés dispuesta a hablar conmigo sobre este asunto. Creo que va a ser bueno para nuestra relación y nuestra familia.

En el diálogo anterior, la Persona A no ha buscado ningún pro-blema secundario y no se ha disculpado por querer algo, en este caso dejar de gritar. Puede asustar decir lo que queremos y potencialmente amenazador y molesto para otra persona al escucharlo. Es muy proba-ble que cualquier deseo que sea lo suficientemente importante como para hablar de él tenga una carga emocional para ambas personas. Tener esa carga en mente y ayudarte a ti mismo a mantenerte centrado y tranquilo mientras dices lo que quieres, hará que sea más probable que acabes consiguiéndolo.

44

Alcanza un acuerdo

Muchas situaciones resaltan la necesidad de acuerdos, como cambiar de roles dentro de un equipo en el trabajo, tener hijos o tener un nuevo compañero de piso. La mayoría de nuestros arreglos con otros aún no están establecidos, sino que debemos *construirlos* a través de un proceso de acuerdo.

Cuando hacemos buenos acuerdos y los revisamos según las necesidades, las relaciones van bien y juntos podemos construir cosas maravillosas. Pero cuando no podemos llegar a un acuerdo, los conflictos se enconan y se pierden oportunidades.

Las relaciones se basan en la confianza, y la base de la confianza es el acuerdo mutuo. Cuando los acuerdos se rompen y no se reparan, o repetidamente se malinterpretan, o cuando una persona no cumple el acuerdo más fundamental de todos –*mantener* los acuerdos–, los cimientos de cualquier relación se ven sacudidos, a veces hasta el punto de irse al traste.

A menudo me irrito cuando alguien intenta controlarme, y este hecho me ayudó a darme cuenta de que en realidad los acuerdos pueden ser liberadores. Evitan que los problemas roben tiempo y atención en una relación, comprometen a otros con el apoyo que necesitas y te ofrecen una plataforma de confianza desde la que puedes saltar a la vida.

Cómo

Busca puntos en común

Supón que te encuentra en una situación típica en el trabajo o en casa en la que estáis intentando poneros de acuerdo sobre algo. El tema podría ser cuánta televisión está bien que vean vuestros hijos, qué hará tu gerente para ayudarte a conseguir un ascenso o si tú y tu pareja deberíais intentar mudaros a un barrio más seguro. Tal vez alguien te está presionando para que hagas algo de lo que no estás seguro... o eres tú quien está presionando. Tal vez estés pidiendo cierto tipo de apoyo emocional. Piensa en las cosas que te gustarían de los demás pero que no consigues, ya que todavía no las han aceptado. Supongamos que ya has expresado lo que quieres o que ya lo ha hecho la otra persona. ¿Y ahora qué?

Un buen primer paso consiste enfatizar aquello en lo que ya estáis de acuerdo. ¿Cuáles son los hechos que ambos veis, las cosas que os importan a los dos, los valores que tenéis en común? Mientras gestionáis las diferencias, buscad similitudes. Por ejemplo, ambos podríais estar en sintonía acerca de tener un grupo de trabajo efectivo, ser educado en las reuniones o educar unos niños sanos y felices. Las personas a menudo se alinean en los *fines* aunque difieran en los *medios*. Así pues, intenta destacar los objetivos que compartís, tanto al comienzo de una discusión como si el debate sobre los métodos se calienta.

Si la otra persona pone una idea sobre la mesa, podrías empezar diciendo lo que te gusta de ella. Intenta reducir el margen de un desacuerdo para que resulte más gestionable. Por ejemplo, en el trabajo podrías decir algo así: «Me gusta tu nueva estrategia de relaciones públicas, aunque me preocupa su precio». Con tu expareja, podría ser: «Vamos a tener nuevas parejas –raro, ¿verdad?–, pero no creo que debamos presentarlas a los niños a menos que sea una relación seria». Con un amigo, podrías decir: «Venga, vayamos a comer. Debo ser capaz de poder comer fuera».

Tiendo a ser bastante objetivo, analítico y orientado a solucionarlo todo. (¡Probablemente lo hayas notado!)- Así que trato de recordar una especie de mantra: «Comienza conectando», buscando con empatía puntos de vista y valores compartidos, anotando dónde ya estáis de acuerdo, y recortando y delimitando cualquier problema que quede.

Negocia de manera eficiente

Incluso en las relaciones más fuertes y felices, siempre hay algo de negociación. En este apartado te explico algunas cosas que ayudan a que las negociaciones salgan bien. Para hacerlas concretas y relevantes, piensa en un conflicto recurrente con alguien y cómo podrías aplicar las siguientes sugerencias.

Aborda un problema a la vez

Puede ser muy tentador pasar de una queja a otra, mezclarlas o tirarle un cubo lleno de quejas a alguien..., pero no es muy efectivo. En vez de ello, elige un problema, menciónalo, céntrate en él e intenta resolverlo. En un flujo natural, es posible que debas afrontar sus capas más profundas, pero sigue siendo el mismo problema. Podrías decirle a un amigo: «Me he sentido herido por tu comentario en mi publicación de Facebook, pero no se trata de palabras concretas. Se trata de ser amigos que son amables el uno con el otro». Si surge otro asunto que debe resolverse primero, aclara la transición y señala que aún tendréis que volver a la preocupación inicial. Por ejemplo: «Vaya, tienes razón, tenemos que decidir cómo gestionar la reparación de los frenos del coche, pero cuando lo hayamos decidido, volvamos a la discusión sobre dónde iremos de vacaciones».

Una especie de metaproblema en las relaciones es quién puede poner sus problemas sobre la mesa y qué problemas se priorizan para su atención y resolución. Haz lo que puedas para destacar tus propios temas y rechaza cualquier presión interna o externa contra hacerlo. *Tienes una voz y merece ser escuchada.* Si quieres hablar sobre X, pero la otra persona quiere hablar sobre Y, decidid quién va primero, con el claro entendimiento de que trataréis todos y cada uno de vuestros temas. Si es necesario, decid por adelantado cuánto tiempo dedicaréis a cada tema. Podría funcionar comenzar con el problema de la otra persona, para despejar el camino y construir una buena voluntad inicial, si es posible.

Si alguien sigue sacando a relucir problemas secundarios, puedes señalarlo y volver al tema. Si otras personas hacen comentarios que no son relevantes para el tema –como un comentario sarcástico sobre un amigo o una sugerencia sobre un asunto no relacionado–, por lo general déjalos pasar, aunque tal vez con una nota mental para volver a ellos más tarde. Sigue volviendo a donde existe el potencial de llegar a un nuevo buen acuerdo. Mantente centrado en el resultado que estás buscando. Por ejemplo, no tenemos que agobiar a las personas sobre el pasado si están de acuerdo con nosotros sobre el futuro.

Si comienzas a tener la sensación de que la otra persona no tiene la intención de llegar a ningún acuerdo contigo, y punto, entonces intenta hablar de ello. Podrías decirle: «Tal vez me equivoque, pero ¿realmente quieres llegar a algún tipo de acuerdo conmigo? ¿Estás enfadado conmigo y ahora es un mal momento para tratar de resolver uno de nuestros problemas? ¿O sencillamente no te quieres comprometer nada en absoluto?». Con suerte, hablar de ello hará que ambos volváis a estar en el marco de llegar a un acuerdo. Y, si no, podríais tomaros un descanso y volver a ello más tarde. O, si es necesario, y quizás lamentablemente, es posible que debas reevaluar esta relación y reducir tus expectativas sobre lo que puedes esperar de la otra persona.

Sé concreto

Las personas pueden discutir eternamente sobre valores elevados o ideas abstractas, como qué significa la equidad en un lugar de trabajo, cuán permisivos deben ser los padres con sus hijos o qué es ser amable. En vez de ello, trata de ser concreto y específico, sobre todo si hay antecedentes de malentendidos o, francamente, de evasivas y regateos. Por ejemplo, ¿cuánto durará una reunión en el trabajo, cuál es la agenda y cuáles son los roles de las personas que asisten a ella? En casa, ¿cuáles son las expectativas sobre las tareas del hogar, los niños, las mascotas, y si se debe volver a poner el tapón a la pasta dentífrica?

En una pareja que comparte las finanzas, lo que inicialmente podría parecer una gran separación entre un «tacaño» y un «gran derrochador», podría reducirse a una diferencia de veinte dólares a la semana en lo que quieren gastar en comer fuera, cifra mucho más manejable.

Poner límites y concretar lo que estás pidiendo podría ayudar a la otra persona a darse cuenta de que puede que no sea nada del otro mundo hacer eso por ti. A menudo es notablemente fácil solucionar un problema y hacer felices a otras personas. Por ejemplo, si tu pareja quiere más conversaciones sinceras, podría bastar con dedicar a ello veinte minutos algunos días a la semana. Puedes dejar en claro que estarás realmente satisfecho si la otra persona sencillamente hace X, Y o Z.

Sé claro acerca de lo que cada persona va a hacer, y cuándo y cómo lo va a hacer. Podrías decir lo que crees que estás aceptando y podrías pedirle a la otra persona que haga lo mismo. Intenta minimizar cualquier vaguedad o ambigüedad, lo que hace que resulte demasiado fácil para alguien acabar sintiéndose defraudado.

Da para recibir

La mayoría de nuestras relaciones implican intercambios de uno u otro tipo. Esto no significa anotar con precisión la puntuación segundo a segundo, pero a largo plazo hay un equilibrio razonable de lo dado y lo recibido. Así pues, trata de averiguar qué podrías hacer para predisponer a la otra persona a tu favor. A un amigo, podrías decirle: «Si yo conduzco, ¿podemos ir a mi restaurante favorito?». En el trabajo, podrías decir: «Gracias por hacer este informe y me complace hacer copias para la reunión». En general, podrías hacer esta pregunta sencilla, pero poderosa: «¿Qué te ayudaría a darme lo que estoy pidiendo?».

Los grandes problemas a menudo están vinculados entre sí, y está bien hacer una especie de trato al respecto. Por ejemplo, un patrón clásico en las relaciones de pareja es *perseguidor/distanciador:* cuanto más intenta acercarse una persona, más se aparta la otra persona…, lo que naturalmente hace que la primera persona quiera agarrarse más fuerte que nunca. Entonces, el perseguidor podría decir «Te voy a dar más espacio», y el distanciador podría responder «Gracias, y voy a ser mejor diciéndote que te quiero». Cuando una pareja tiene hijos, a veces a uno de los padres le gustaría un mejor trabajo en equipo, mientras que el otro espera recuperar su relación íntima, y podría ser buena idea abordar ambas necesidades juntas. Recuerdo que un padre me bromeó: «Los preliminares comienzan cuando mi pareja prepara el desayuno de los niños por la mañana».

En una relación importante, incluso aunque lo que quieras sea una mera cuestión de preferencia o aunque la otra persona no entienda por qué quieres *eso*... aún podría decidir darte lo que quieres porque, ¡bueno!, se preocupa por ti.

Adoptar este enfoque puede ser una forma efectiva de evitar discutir sobre los méritos específicos de algo que quieres y en vez de ello pasar a un nivel superior que trata de tu preocupación general por los demás.

Consolida las ganancias

Cuando resuelves un problema, puede resultar tentador centrarse en otro. Pero eso podría liarla buena justo cuando las cosas comenzaban a calmarse. Podría ser estresante y agotador hablar de más problemas, por lo que sería prudente reconocer el progreso logrado y no agotar a la otra persona y hacer que se muestre reacia a hablar contigo sobre futuros nuevos acuerdos.

Los grandes problemas a menudo se resuelven mediante una serie de pequeños acuerdos. Mentalmente, podrías trazar una progresión de pasos que se apoyen el uno en el otro, cobrando impulso y fortaleciendo la confianza sobre la marcha.

Aborda acuerdos incumplidos

Cuando se incumple un acuerdo, es importante mencionarlo. De lo contrario, el acuerdo incumplido se convertirá en el nuevo estándar, y mantener los acuerdos parecerá una prioridad menor en vuestra relación. Si tú has incumplido el acuerdo, reconócelo abiertamente y vuelve a comprometerte con el acuerdo o sugiere una versión revisada que te resulte más fácil de cumplir.

Si es la otra persona la que ha incumplido el acuerdo, averigua por qué lo ha hecho. Puedes comenzar con cuidado, sin lanzarte encima con una acusación exaltada. ¿Ha habido un malentendido acerca de lo que se había acordado exactamente? Por ejemplo, una persona podría pensar que «el fin de semana» para entregar un informe significaba el viernes, mientras que para la otra persona era el domingo por la noche. ¿Ha habido algún factor que ha impedido mantener el acuerdo –por ejemplo, se necesita más tiempo para hacer un recado durante la hora punta– y que deberíais tener en cuenta en el futuro? ¿Sencillamente se ha olvidado? ¿O la otra persona en realidad nunca ha estado comprometida con el acuerdo desde el principio? O, peor aún, ¿simplemente no tiene ningún interés en cumplir sus promesas? Éstas son preguntas para las que necesitas respuestas.

Si se ha roto un acuerdo por un malentendido, un imprevisto o un simple olvido, suele ser sencillo restablecerlo, quizás con algunas modificaciones.

Pero si queda claro que la otra persona no se toma en serio vuestros acuerdos –tal vez restándole importancia a la promesa incumplida, poniéndose a la defensiva, haciendo que de alguna manera sea por tu culpa o contraatacando porque te has atrevido a hablar sobre lo que ha hecho–, *adquiere el estatus de tema clave*. Puedes permanecer (¡relativamente!) tranquilo y centrado mientras haces frente a este asunto, basándote en lo que hemos explorado anteriormente en este libro.

A veces, otras personas se quejan y refunfuñan mientras vuelven a comprometerse a regañadientes con un acuerdo…, pero luego lo mantienen. Es posible que tengas que ser bastante directo, incluso solemne, para comunicarte con una persona que tiene una actitud desenfadada con respecto a los acuerdos. Si es el caso, en el trabajo podrías decir: «No, no soy como tu último jefe; cuando me dices que harás algo para una fecha determinada, espero que lo hagas». Con tu pareja, podrías decir: «¿Podrías tratar tus acuerdos conmigo y tus hijos tan seriamente como lo haces con los del trabajo?». Dependiendo de la situación, es posible que tengas que ser muy franco: «Estoy comprometido a mantener mis acuerdos contigo. No puedo obligarte a mantener tus acuerdos conmigo. Pero puedo decirte que, si no los cumples, me desentenderé de esta relación porque, francamente, no podré confiar en ti».

Los acuerdos importan. Respetar los que haces y pedirles a aquellos que se relacionan contigo que hagan lo mismo es una manera de tratarte a ti mismo como si importaras, y a los demás también.

45

Redimensiona la relación

Las relaciones tienen cimientos, como conocimientos y valores compartidos. Si una relación es más pequeña que sus cimientos, es una oportunidad para ampliarla si lo deseas. Por otro lado, si una relación es más grande que sus verdaderos cimientos, eso tiene riesgos para ti y quizás para los demás.

Redimensionar las relaciones es un proceso natural. Con un conocido casual, es posible que te enteres de que ambos habéis tenido problemas de salud, lo que os ofrece la oportunidad de establecer una conexión más profunda. O tal vez un viejo amigo te dice simplemente que te sobrepongas un mes después de la muerte de tu amado perro, por lo que te distancias un poco de él. A veces hay una diferencia básica entre una persona y otra. Ninguno de los dos tiene la razón o está equivocado; es sencillamente que (pongamos como ejemplo) la otra persona nunca será tan extrovertida como tú, o estará tan interesada en el arte y la música como tú, por lo que comenzáis a pasar menos tiempo juntos.

Imagina un círculo que representa todas las posibilidades con otra persona cuando te encuentras por primera vez con ella. Y luego pasan cosas que te llevan a forjar ciertas partes de ese círculo, reduciendo el ámbito de la relación y cómo te puede llegar a afectar. Por ejemplo:

- «Mmm, nuestra política se sitúa en los extremos opuestos del espectro; es mejor que no hablemos de esto».

- «Después de esa primera cita, no estoy interesado en tener una aventura».
- «Es divertida, pero no me gusta ir de copas con ella».
- «No me ofrece mucho apoyo emocional cuando realmente lo necesito; no se lo voy a volver a pedir».
- «No estoy preparado para dejar esta relación, pero seguro que no quiero casarme con ella».
- «Voy a aguantar así hasta que los niños se vayan a la universidad, y entonces haré una profunda reflexión sobre nuestra relación».
- «Quiero a mi padre y voy a cuidarlo, pero sencillamente no puede vivir con nosotros».

En realidad, redimensionar una relación puede apoyarla. No tienes que cortar todo contacto –aunque si lo eliges, puede acabar siendo así– para tener una relación que te guste por lo que es, cuyo tamaño y forma se basen en lo que realmente puedes confiar y esperar de la otra persona. Tienes derecho a redimensionar las cosas como mejor te parezca. Saber que tienes este derecho podría hacer que te sientas más cómodo expandiendo una relación, ya que sabes que puedes reducirla si lo consideras necesario. También es más fácil mantener algunas relaciones, en lugar de terminarlas, cuando están más delimitadas.

Cómo

Evalúa la situación

Para crear un contexto, pregúntate: «En general y siendo realista, ¿cómo quiero que me traten los demás? ¿Qué considero que me merezco en mis relaciones? ¿Cuál es mi visión de relaciones sanas, sensatas y felices en el trabajo y en el hogar, con amigos y vecinos?».

Luego, piensa en una relación que suponga todo un reto para ti y cómo podría ir bien redimensionarla. Dependiendo de la situación, esta redimensión podría consistir en cenas más cortas con la familia, tener a otra persona en la sala cuando te reúnes con alguien en el trabajo, no hablar de religión o de política con un amigo, saludar amablemente (pero no ir más allá) al cruzarte con esa persona en el pasillo, dejar que una amistad casual se desvanezca gradualmente, terminar una relación de pareja, no exponer nunca más un punto débil a una persona en particular, no devolver más las llamadas de esa persona, o despedirte de cualquier esperanza de sanación entre tú y un familiar.

Para esta relación, tómate tu tiempo y considera: ¿hay ciertos temas particularmente cargados y una fuente de fricción?, ¿sigue pidiéndote determinadas cosas que sencillamente no quieres darle?, ¿quieres cosas de esa persona que, en el mejor de los casos, tiene pocas ganas de hacer?, ¿son ciertas situaciones una trampa para problemas?, ¿de qué manera podrías haber estado pidiéndole más de lo que es capaz de ofrecer?, ¿cuáles son las fuentes recurrentes de tensión, frustración y desánimo?, cuando las cosas vengan torcidas, ¿hará lo que convenga si es difícil?

Por otro lado, ¿cuándo va bien la relación?, ¿sobre qué se puede hablar?, ¿en qué puedes confiar acerca de la otra persona?, ¿de qué manera se preocupa por ti?, ¿cómo te es leal?, ¿tiene esta persona una curva de aprendizaje en las partes social y emocional de su vida?, cuando observas la relación desde un punto de vista general, a vista de pájaro, ¿hay cosas que podrías hacer por tu cuenta –basándote en los capítulos anteriores de este libro– que podrían resolver cualquiera de los problemas que has señalado anteriormente, sin tener que achicar la relación?

Considera cuánto te importa realmente esta relación. ¿Necesitas estar bien con la otra persona por tu trabajo o una relación familiar (por ejemplo, un suegro)? En el otro extremo del abanico, ¿te daría igual ti si nunca la volvieras a ver? ¿Cuánto esfuerzo deseas poner en reparar o gestionar un problema continuo? ¿O prefieres sencillamente desvincularte de esa parte de la relación? ¿Te gustaría terminarla definitivamente?

Puede parecer bastante frío, inquietante y triste revisar una relación de esta manera trascendental. Procura no sacar conclusiones precipitadas o dejar que una interacción reciente nuble tu punto de vista. Aun así, puedes ver lo que ves. El mejor predictor del futuro es el pasado, y los patrones de larga duración suelen cambiar lentamente, si es que cambian. Puedes sentir gratitud, respeto, amor y compasión junto con una claridad fría sobre la otra persona y el tipo de interacciones y de relaciones que de manera realista puedes tener con ella.

Repara lo que puedas

Después de hacer balance, esencialmente tienes tres opciones: aceptar lo que la otra persona dice y hace y dejarlo así, tratar de reparar las cosas o achicar la relación. Si decides arreglar la relación, puedes recurrir a las muchas herramientas que hemos explorado. Por ejemplo, si te sientes habitualmente defraudado por alguien en un tema determinado —quizás nunca te saluda en una reunión—, puedes decir lo que quieras y tratar de llegar a un acuerdo, como hemos comentado en los dos capítulos anteriores.

Si ha habido un enorme abuso de confianza —como una mentira, una infidelidad, un uso encubierto de drogas o un uso indebido del dinero que tenéis en común—, creo que cualquier reparación significativa debe incluir la responsabilidad y el arrepentimiento de la otra persona, quien debe darte lo que tú necesites para saber que *esto no volverá a pasar nunca más*. Si esa persona comienza a darle vueltas a lo que realmente te ha hecho, a restarle importancia o a decir que debes pasar página y seguir adelante, es difícil saber si puedes volver a confiar en ella, lo que probablemente significa que es mejor que achiques la relación.

Si entre vosotros hay una diferencia básica sobre algo —como lo limpia y ordenada que deseáis mantener la casa que compartís, cuánto os gusta tener conversaciones emocionales profundas o vuestros deseos naturales de sexo—, podéis ver si cada uno puede amoldarse al otro y encontrar un término medio. Si bien tenemos nuestros «puntos fijos» naturales, los seres humanos somos psicológicamente flexibles y capaces de generar interés en muchas cosas diferentes. Sabiendo esto, el problema particular en sí mismo —quizás el orden, la conversación o el sexo— se vuelve secundario, y la pregunta principal es ésta: «¿Te preocupas lo suficiente por mí y por nuestra relación como para impulsar tu mente de esta manera?». Éste es el tema central, y la otra persona podría hacerte una pregunta similar. Por ejemplo, de manera inquisitiva —no acusatoria—, podrías decir cosas como éstas: «¿Nuestra relación es una prioridad para ti?», «¿Podrías preguntarme más sobre mí cuando hablamos, e interesarte por mis respuestas?», «Una vez a la semana más o menos, ¿podrías despertar a propósito sentimientos eróticos por mí y sentirte movido a iniciar algo de intimidad?», «Porque te importo, ¿estarías dispuesto a mantenerte mentalmente comprometido con las enormes dificultades de lograr que mi madre se vaya a vivir a una residencia para personas de la tercera edad?».

Cuando hagas estos esfuerzos, verás cómo va y qué hacen en realidad las otras personas. Verás de qué tipo de problemas son capaces de hablar (si es que lo son de alguno). Verás su verdadera capacidad de reparación, como aceptar su parte de responsabilidad, tener empatía por ti, mostrarse civilizado y hablar sobre un problema. Las relaciones por naturaleza necesitan reparaciones. Si la otra persona ignora o castiga tus esfuerzos de reparación, es una tarjeta amarilla en cualquier relación significativa. Si puedes, intenta hablar sobre la reparación en sí y por qué es importante. Por ejemplo, podrías decirle: «Porque valoro nuestra amistad, estoy tratando de resolver una situación que ha sido incómoda entre nosotros. Por eso pongo el tema sobre la mesa. Espero que podamos hablar de ello de manera efectiva. ¿Podríamos hacerlo? ¿Cómo crees que deberíamos hablar de esto?». Con suerte, podrás arreglar las cosas. Pero si la otra persona se niega a reparar la falta de reparación en general, se trata definitivamente de un toque de atención en una relación y, por lo general, una señal clara de que necesitas redimensionarla.

Lamenta la pérdida

Puede ser la pérdida de un amor que deseabas, o una vida juntos después de que los niños se hayan ido de casa. Tal vez te des cuenta de que un negocio o un proyecto no tendrá éxito porque otras personas no tienen el talento o el impulso necesarios para hacerlo funcionar. Tal vez un amigo nunca entenderá por qué te preocupas tanto por lo que comes. Es posible que tengas un jefe que no te ascienda.

Hacer frente a limitaciones en una relación puede hacernos sentir enfadados, ansiosos y profundamente tristes. Dado que este reajuste suele ser doloroso, las personas pueden tratar de retrasarlo con ilusiones o pura evasión.

Ocasionalmente, las cosas mejoran por sí solas. Pero, como se suele decir, la esperanza no es una estrategia. Ayuda tener una especie de desencanto saludable en el que te despiertas y ves las cosas con claridad, aunque sea doloroso.

Durante el trayecto, permítete sentir lo que sientes, con compasión y apoyo hacia ti mismo. Las etapas clásicas de enfrentar la muerte, descritas por la psiquiatra Elisabeth Kübler-Ross, ofrecen una hoja de ruta flexible (y simplificada) para este proceso: negación, negociación, ira, desesperación y luego, con suerte, aceptación. Reconoce tu pérdida. Y luego, cuando te parezca adecuado, vuélvete hacia lo que *también* es verdad. Vuélvete hacia las cosas que son buenas de esta relación en concreto, incluso mientras te desenganchas de lo que ha sido malo para ti. Vuélvete hacia lo bueno de otras relaciones y del mundo en general. No estás evitando el dolor de la pérdida. En realidad, volviéndote hacia lo que es bueno, te estarás fortaleciendo para soportar las cosas que son dolorosas y tristes.

Hay un tipo particular de pérdida cuando otra persona redimensionan su relación contigo de una manera que no te gusta. Es bueno si puedes hablar con ella y tal vez reparar la relación. Por otro lado, las rupturas frías y, a veces, emocionalmente crueles son sorprendentemente comunes. Tal vez estabas saliendo con alguien que, sin ningún indicio, comienza a ignorarte; tu padre te dice que no quiere saber nada de ti; tu hija mayor deja de devolverle las llamadas o se niega a dejarte ver a tus nietos; tu hermano se inventa historias sobre ti y no dice por qué, o determinados familiares se niegan a comer contigo en la misma mesa porque tenéis discrepancias a nivel político. En este tipo de distanciamientos unilaterales, algunos de los cuales he experimentado personalmente, puede ayudar:

- Averiguar todo lo que puedas acerca de por qué ha pasado esto.
- Identificar tu propio papel en el asunto, sea cual sea, que podría no ser ninguno.
- Tratar de hablar de ello con la otra persona, si está dispuesta a hacerlo.

- Descubrir todo lo que puedas sobre lo que le está pasando, independientemente de ti.
- Tratar de aceptar la pérdida, seguir dejando ir y desconectar emocionalmente de la relación.
- Vuélvete hacia lo que todavía es bueno; por ejemplo, podrías llegar a sentir que tus verdaderos padres en esta vida no son los que te concibieron.

Aun así, por más sensato que seas sobre todo esto, ser desterrado por alguien que te importa es inherentemente doloroso. Puede llevar años llegar a una especie de paz al respecto. A veces todo lo que puedes hacer es sobrevivir lo mejor que puedas en las otras partes de tu vida y soportar el dolor que aparece cuando piensas en esta otra persona.

Traza tus límites

Una forma clave de redimensionar se da cuando más o menos nos damos por vencidos con respecto a un determinado aspecto de una relación sin dejar de apreciar a la persona como un todo. Con casi todo el mundo, te faltarán ciertas cosas. (Esto también será aplicable para los demás con respecto a ti, y resulta aleccionador y honesto enfrentarse a esto, y tal vez hablar de ello). Dependiendo del tipo de relación que tengáis, tal vez no podáis compartir una misma práctica espiritual, no seáis capaces de trabajar para hacer un proyecto de negocios juntos o el sexo será bueno, pero no excelente. Tal vez vuestros esfuerzos por conseguir que pase algo han estado estresando la relación y provocando conflictos dentro de ella.

O puede que te encuentres en una situación en la que tienes que mantener el contacto con alguien, pero mentalmente das un gran paso atrás. Podrías ser educado y agradable, pero negarte a hablar de determinados temas, trabajar juntos en proyectos futuros o viajar en el mismo automóvil. Algunas personas intentan conectar a través de polémicas o provocando una reacción emocional sobre los demás; si éste es el caso, puedes evitar interpretar esos papeles en sus guiones. Piensa en el cebo que te lanza esa persona y en cómo previamente te ha atraído, y qué podrías hacer a partir de ahora para evitar esas interacciones. Tal vez debas sacar la cabeza en determinadas ocasiones, como una cena festiva, y reservarte el derecho de irte si la gente se pone demasiado entonada.

Muchos de los límites que establecemos son implícitos, sin anunciarlos ni explicarlos a la otra persona. A menudo, eso está bien y es apropiado, en parte porque puede evitar conflictos sobre por qué estás estableciendo el límite. Por otro lado, también es posible que quieras pronunciarte. Si lo haces, puedes elegir manifestar los motivos por los cuales estás dando este paso, aunque podría ser más sencillo establecer el límite y dejarlo así, y mantenerte al margen de las discusiones al respecto. Dependiendo de la relación, podrías decir:

- «Tendría que salir del trabajo a las cinco y media para poder llegar a casa a tiempo de cenar con mis hijos».
- «No puedo prestarte más dinero».
- «Seguiré siendo amigo de _____, aunque no te guste».
- «Si vuelves a emplear este tipo de lenguaje, me voy».
- «Si actúas como si fueras a pegarme, voy a llamar al 016».
- «No voy a hacer más de la mitad de las tareas del hogar en esta familia».
- «Si vamos a tener una relación más íntima, necesito una base para sentirme amada por ti que no sea sólo sexo».
- «No, no voy a pasar la cena de Acción de Gracias con el tío que abusó de mí».
- «Quiero que veas a tus nietos, pero, por favor, sigue nuestras normas sobre lo que les das de comer».
- «Si encuentro drogas en tu habitación, las tiraré por el váter».
- «No quiero hablar más de Dios».
- «No me gusta ver fútbol, y no pasa nada».

Si quieres hablar con alguien acerca de un límite, puede ir bien que antes de decirlo tengas las palabras claras en tu mente (y tal vez en papel). Fundamentalmente, tienes derecho a establecer límites y redimensionar una relación. Reclamar este derecho –y, francamente, este poder– es especialmente importante si en el pasado no has respetado tus límites. El libro de Nedra Tawwab *Set Boundaries, Find Peace* es una excelente guía para establecer límites, tanto las actitudes internas como las habilidades externas, y se basa en la profunda experiencia de Tawwab como terapeuta y experta en relaciones.

En el proceso de redimensionar una relación, puede resultar tentador ser vengativo y castigar. A corto plazo, puede hacerte sentir bien, pero a la larga te arrepentirás. Lo sé. Incluso aunque debas desvincularte totalmente de la otra persona, trata de actuar de tal manera que puedas cruzarte con ella por la calle sin sentirte molesto por ello.

46

Perdona a la otra persona

El perdón tiene dos connotaciones distintas:

- Renunciar al resentimiento o la ira.
- Disculpar una ofensa; dejar de buscar el castigo.

Me voy a centrar en la primera de ellas, que incluye situaciones en las que quizás no estés preparado para perdonar por completo a alguien, pero aun así te gustaría estar en paz por lo que ha pasado. Encontrar el perdón puede ir de la mano con la búsqueda de la justicia. Es posible tanto ver una acción como moralmente reprobable como dejar de enfadarse con la persona que responsable de ella. Es posible que sigas sintiéndote triste por el impacto que ha tenido sobre ti y sobre los demás –y que tomes medidas para asegurarte de que nunca más volverá a pasar– cuando ya no te sientas agraviado, con ganas de reprochar o vengativo.

El perdón puede parecer arrogante, como si sólo se aplicara a cosas importantes, como delitos o adulterio. Pero la mayor parte del perdón es para los pequeños rasguños del día a día, los momentos en los que otras personas te decepcionan, te frustran o molestan, o sencillamente te sacan de quicio.

La persona que más gana con el perdón a menudo suele ser la que perdona. A veces perdonamos a personas que nunca saben que las hemos perdonado; ¡para empezar, incluso es posible que no supieran que nos hemos sentido agraviados! El perdón te libera de los embrollos de la ira y el castigo, así como de las preocupaciones con el pasado y la cuestión que tienes en mente con respecto a la otra persona. Cuando perdonas, se revela cada vez más tu propia bondad profunda y natural.

Cómo

No *tienes que* perdonar a nadie. Si el perdón es forzado, a regañadientes o falso, en realidad no es perdón. A veces simplemente no estamos preparados para perdonar. Puede que sea demasiado pronto o que lo ha pasado sea imperdonable. No dejes que otras personas te empujen a un perdón que para ti no es sincero. Si tienes la intuición de que podrías perdonar a alguien, pero en algún lugar interior hay un bloqueo que te impide hacerlo, intenta explorar el bloqueo. Tal vez te esté diciendo que necesitas descubrir más los motivos de la otra persona antes de poder seguir adelante o que debes permitirte estar realmente enfadado por lo que te ha hecho. Puedes tomarte tu tiempo para decidir si quieres pasar al perdón. Y cuando lo hagas, ten en cuenta las sugerencias que te muestro a continuación.

Cuídate

Es difícil perdonar cuando te sientes agobiado o si activamente estás siendo tratado mal. Haz lo que puedas para protegerte a ti mismo y a los demás. Repara el daño lo mejor que puedas y redimensiona la relación si es necesario. Sigue haciendo que tu vida sea buena. Puedes perdonar a esa persona mientras reduces tu relación con ella, o la terminas.

Pide apoyo

Por lo general, es más fácil perdonar a alguien si hay algún otro que está a tu lado para reconocer las maneras en que has sido tratado mal. Es posible que aquellas personas que te apoyan no puedan hacer nada con respecto a lo que ha pasado, pero el simple hecho de saber que ven lo que tú ves y que se preocupan por ti puede ser de gran ayuda.

Deja que lo sientas

El perdón no va de desconectar tus reacciones emocionales. Deja que tus pensamientos, tus sentimientos y tus deseos tengan un respiro y fluyan con el tiempo con sus propios ritmos naturales. Abrirse a la totalidad de tu experiencia en un gran espacio de conciencia plena puede ayudarte a llegar a una sensación de finalización y resolución por ti mismo sobre lo que ha pasado, lo cual es bueno en sí mismo y una ayuda para el perdón.

Comprueba tu versión

Evita exagerar lo horrible, importante o imperdonable que es algo. Ten cuidado al hacer suposiciones sobre las intenciones de los demás (capítulo 20, «Tómatelo como algo menos personal»). Con la vida moderna, muchos de nosotros pasamos la mayor parte del tiempo bastante estresados y atolondrados, y tal vez, desafortunadamente, acabas de encontrarte con alguien que tiene un mal día. Pon el acontecimiento en perspectiva: ¿de verdad ha sido tan importante? Tal vez lo haya sido, pero tal vez no lo ha sido.

Aprecia el valor del perdón

Pregúntate: «¿Qué me cuestan mis agravios, mis reproches? ¿Cuánto cuestan a las personas que me importan? ¿Cómo sería dejar esas cargas?».

Considera dónde reside realmente tu propio interés. Imagina que tu indignación, tu ira y tu resentimiento son como piedras que cargas. Fíjate lo pesadas que son... y luego imagina arrojarlas al mar. ¿Cómo se sentiría eso?

Ve la imagen general

Considera los muchos factores anteriores de la persona que te ha hecho daño, como su infancia, sus padres, su situación económica, su temperamento, su salud, etc. Esto no es para minimizar lo que te ha hecho o para pasar por alto su responsabilidad, sino para situarte en un contexto más amplio por tu propio bien. Cuando veas algunas de las muchas fuerzas que se ciernen sobre los demás, podrás comprender sus acciones de manera más objetiva, lo que puede ayudar a restar importancia a su dolor, aunque continúes desaprobando su actitud. Trata de ver las muchas cosas de tu vida —en el presente, en el pasado y mirando hacia el futuro— que son buenas y no se han visto afectadas por lo que ha hecho la otra persona.

Acepta que la vida es lacerante

Hay una historia zen en la que se le pregunta al maestro Yunmen:1 «¿Cómo es cuando el árbol se seca y las hojas se caen?». Entonces, el maestro responde: «Cuerpo expuesto al viento dorado».

Hay profundidades en esta enseñanza que todavía estoy explorando. Una cosa sí parece clara: para disfrutar de los vientos dorados de todo lo bueno en nuestras relaciones, debemos vivir expuestos... incluso a daños. Todos salimos dañados, de una forma u otra. Somos grandes simios, no hace mucho que bajamos de los árboles. La gente a veces hace cosas desagradables. No es para disculparlo, sino para reconocer su realidad. A veces la gente te tratará injustamente y se saldrá con la suya. Está mal, pero todos tenemos que afrontarlo. Visto así, no es tan personal. Es la vida, es vivir y trabajar con otros seres humanos. Podemos hacer frente a un maltrato y ver las cosas con perspectiva al respecto cuando pasa.

---

1. Yunmen Wenyan (864-949) fue un importante maestro chino de la dinastía Tang. *(N. del T.)*

Dítelo a ti mismo… y tal vez a la otra persona

Cuando te sientas preparado para perdonar a alguien, puedes decírtelo a ti mismo y ver cómo lo sientes. Por ejemplo: «Te perdono», «Estoy dejándolo ir» o «Sigo pensando que ha estado mal, pero no dejaré que me siga afectando». Encuentra las palabras que te parezcan más sinceras.

Y luego, si quieres, díselo a la otra persona. Con suerte, será receptiva. Y si no lo es, aún puedes obtener los beneficios del perdón en tu propio corazón… a la vez que ahora verás a esa otra persona aún más claramente.

Sexta parte

Ama el mundo

47

Ama lo que es real

A medida que crecía, sentía que mi familia y las escuelas a las que iba eran terreno peligroso. No entendía por qué mis padres y muchos niños reaccionaban tan a menudo de la forma que lo hacían, con mucha ira o miedo ante acontecimientos aparentemente nimios. También me sentía inestable dentro de mí, y no entendía mis propios sentimientos y reacciones. Percibía tanto el exterior como el interior retorcidos, inciertos, desconcertantes.

Así que busqué una base sólida. Traté de ver y entender lo que era realmente cierto. Las plantaciones de naranjos y las colinas que rodeaban nuestra casa eran naturales y reconfortantes, e iba allí cada vez que podía. Empecé a leer ciencia ficción y me gustaba un universo organizado en el que podías descubrir por qué la nave espacial no funcionaba y arreglarla.

También traté de descubrir qué había de real dentro de otras personas y de mí mismo. «¿Por qué mamá está de tan mal humor? ¡Ah! Está enfadada con papá». «¿Por qué este abusón se mete conmigo? ¡Ah! Está intentando hacerse el chulo delante de sus amigos». «¿Por qué esa chica está tan molesta? ¡Ah! Es porque le he hecho algo malo». «¿Por qué soy tan tímido cuanto estoy en grupo? ¡Ah! Porque tengo miedo de que se rían de lo que digo».

Años después, lo real es mi piedra angular y mi refugio. Claro, los misterios permanecen allí, y nuestras descripciones de lo que es real son incompletas y están moldeadas por la cultura. Aun así, hay *mucho* sobre lo que *podemos* saber, desde los microbios de nuestros intestinos y los sentimientos de nuestra mente hasta una onda en el espacio-tiempo provocada por dos agujeros negros que chocan entre sí.

Además de saber lo que es real, también podemos *amarlo,* alucinados por su existencia, tranquilizados por ver claramente en lugar de ser engañados o estafados. No nos tiene que gustar lo que es real para amar su realidad.

¿Qué es lo único que tienen en común las personas, las parejas, las familias, las organizaciones y los gobiernos que no son *sanos?* Ocultan, distorsionan o atacan la verdad real de las cosas. Por ejemplo, los «secretos familiares» son señales clásicas de problemas, en las que las versiones positivas –«Oh, mamá no bebe tanto», «Oh, el tío Bob no es asqueroso, sólo es cariñoso»– ocultan los hechos negativos.

Por otro lado, ¿qué es lo único que tienen en común las personas, las parejas, las familias, las organizaciones y los gobiernos sanos? Que se basan en lo que es real. Buscan la verdad y ayudan a otros a encontrarla por sí mismos. Dicen la verdad y la afrontan lo mejor que pueden.

Cómo

Me gusta comenzar con objetos físicos, como una piedra en la mano, agua en una taza o un libro sobre una mesa. Deja que tus percepciones pasen de un objeto a otro, visto, oído, tocado o imaginado, una tras otra, todas reales… prolongándose a la mano que sostiene la piedra y al cerebro que construye las sensaciones de su forma y textura: ¡todo es real! Durante unas pocas respiraciones, toma consciencia de una cosa real tras otra: plantas y animales, tenedores y cucharas, tierra y cielo, estrellas arriba y gusanos abajo… ¡Hay tantas cosas reales! Si te relajas y te abres a esto, puede brotar una especie de éxtasis salvaje, y gratitud y asombro.

Cada uno de nosotros está soportado por innumerables cosas reales. Por ejemplo, mientras estás sentado, de pie o caminando, piensa en cómo te sostienen tus huesos. Cambia tu postura hasta que te sientas apoyado firmemente, con una sensación de verticalidad y fuerza. Registra realmente toda esta experiencia de apoyo muy físico. Puedes ver muchas cosas que te protegen, te ayudan o te hacen disfrutar, desde paredes sólidas y luces eléctricas hasta flores en un jarrón o la foto de un amigo. Podrías pensar en alguien que te apoya y tomarte un momento para sentir la realidad de esta persona y la realidad de su apoyo hacia ti. Cuando te enfrentas a los desafíos de la vida –incluidas las personas que no te apoyan–, es importante apreciar el apoyo real allí donde puedas encontrarlo.

Todo lo que encuentres sagrado es real. Podría estar relacionado con la religión o la espiritualidad, o con cualquier cosa que aprecies, como las secuoyas milenarias, el brillo en los ojos de un niño o la bondad inherente en el corazón humano. Si eres como yo, no eres consciente continuamente de lo que más quieres. Pero cuando te vuelve a la memoria –tal vez en una boda o un funeral, o de pie junto al mar–, hay una sensación de volver a casa, de «sí», de saber que *esto* realmente importa y se merece tu amor.

Amar lo que es real es un agradecimiento fundamental de que existes y de que *todo* existe. Hay aceptación, humildad, respeto. Muchas cosas que son reales son estresantes o injustas. No las desearíamos para los demás, y no las queremos para nosotros; sin embargo, aún podemos amar el todo real que incluye estas cosas en particular.

Amar lo que es real hace que sea más fácil ver aquello de lo que tiendes a alejarte, como hechos sobre tu salud, tu situación económica o tus relaciones, o lo que pasa en el nivel más bajo de tu propia mente. Podrías considerar, como últimamente estoy haciendo, los efectos reales que se suman de la compasión o la ira hacia los demás, y las elecciones reales sobre cómo utilizar mejor los años y los días restantes de esta vida. ¿Puedes utilizar el amor por lo real para afrontar y hacer frente a algo que es importante?

Una forma de amar lo que es real es escuchar o buscar lo que viene de los demás. ¿Cómo les está yendo interiormente a tus amigos o familiares? ¿Que necesitan? ¿Dónde duele? Así como nuestras propias experiencias son reales para nosotros, sus experiencias son agudamente, a veces dolorosamente, reales para *ellos*. Puedes sentir el peso de su mundo interior. Incluso aunque no te guste exactamente lo que podría estar fluyendo en la conciencia de alguien, puedes inclinarte ante su realidad, lo que te aportará una mayor sensación de tranquilidad al respecto.

Ya sea en nuestras familias o en nuestros países, decir la verdad —y apoyar a otros que hacen lo mismo— es una manera activa y valiente de amar lo que es real. A veces, esto puede no ser seguro, como con los gobiernos que castigan la disidencia abierta. Y a veces puede no ser apropiado, como no querer atosigar a unos padres ancianos con toda la verdad del impacto que tuvieron sobre ti cuando eras niño. Pero siempre puedes decirte *a ti* la verdad dentro del santuario de tu propia mente.

Lo real es nuestro precioso refugio. Es con lo que podemos contar. Incluyendo la verdadera bondad dentro de cada uno de nosotros. Los verdaderos buenos deseos para los demás, los verdaderos esfuerzos de cada día, el verdadero insomnio inherente. Puedes amar lo que es real en *ti,* y en ese amor encontrar una apertura hacia todo lo que es real en cualquier lugar.

48

Anímate

Por *animarte,* me refiero a varias cosas relacionadas:

- Sentir tu corazón y tu pecho.
- Encontrar aliento en todo lo que es bueno.
- Descansar en tu propia cordialidad, compasión y amabilidad; descansar en el cuidado por ti de los demás; hacer fluir el amor hacia dentro y hacer fluir el amor hacia fuera.
- Ser valiente, sincero y fuerte; avanzar sabiamente incluso cuando sientes ansiedad, conociendo tu propia verdad y, tanto como puedas, expresándola.

Cuando te animas, eres más capaz de enfrentar retos como el envejecimiento, la enfermedad, el trauma o los conflictos con los demás. También puedes aprovechar mejor las oportunidades con confianza y determinación.

Hay que animarse para vivir incluso en tiempos ordinarios. Y particularmente hay que animarse para vivir en, vivir con y vivir más allá de los momentos realmente difíciles. Tu momento difícil personal puede ser una mala noticia sobre tu salud, la muerte de uno de tus padres o sentirte traicionado por otra persona. O podría estar relacionado con los cambios que atraviesa tu país y tu mundo, y tus preocupaciones acerca de los efectos que tendrá sobre los demás y sobre ti mismo.

Hay muchos ejemplos de personas honorables que afrontan grandes dificultades con dignidad, principios y coraje. Ellos lo han hecho. Nosotros también podemos.

Cómo

Comienza por capear la tormenta. Cuando pasan cosas importantes –ya sea en el patio de la escuela o en un campo de refugiados al otro lado del mundo–, es natural sentirse impactado y afectado por ellas. Es útil quedarse con la cruda experiencia, las sensaciones corporales, los sentimientos profundos, los miedos y la ira que despiertan, en lugar de dar vueltas y más vueltas alrededor de pensamientos obsesivos. Sea lo que sea, es *tu* experiencia, y no pasa nada si te afecta más que a otras personas. Puedes ser consciente de lo que pasa a través del gran espacio abierto de la conciencia, observándolo sin que te anegue.

Cuando el fondo se hunda, haz cosas sencillas que te ayuden a volver al centro y encontrar el equilibrio. Por ejemplo, haz tu cama o llama a un amigo. Cuida bien tu cuerpo preparándote una buena comida y tratando de dormir lo suficiente. Haz algunas respiraciones profundas y tal vez medita un poco. Cuando es verdad, fíjate que fundamentalmente estás bien en el presente –todavía respiras, el corazón todavía late, no estás totalmente agobiado–, en este momento, momento tras momento. Encuentra un poco de placer en alguna parte, tal vez en el olor de una naranja o la sensación de agua tibia en tu cara. Mira los árboles y el cielo, tómate una taza de té y mira fijamente al espacio.

Vigila y guía tu atención. Una cosa es encontrar hechos y formar los mejores planes que puedas, y otra cosa es distraerse o molestarse por noticias o por otras personas que no aportan ningún valor útil a tu vida.

Anímate en todo lo que es bueno. Fuera de ti, está la bondad en los demás, la belleza de una simple hoja, las estrellas que siguen brillando sin importar qué las oculta. Ahora mismo, mientras estás leyendo estas páginas, en todo el mundo hay niños que ríen felices, familias que están sentadas comiendo, bebés que nacen y brazos afables que sostienen a personas que se están yendo de este mundo. Dentro de ti está tu compasión, esfuerzos sinceros, recuerdos felices, capacidades... y mucho más.

Anímate con los demás, comparte preocupaciones, apoyo y amistad.

Haz las cosas que puedas. Cuanto más turbulentos y alarmantes sean los acontecimientos y cuanto más allá de tu control queden, más importante será centrarse en la estabilidad, la seguridad y la voluntad en cualquier forma que tengas a tu alcance.

Ten coraje. Las fuerzas poderosas siempre han tratado de confundir y asustar a los demás. Mientras tanto, puedes conservar una fuerza interior, nunca intimidado o postrado en tu núcleo.

Finalmente, he descubierto que de verdad ayuda tener perspectiva. Sin minimizar ni una pizca de lo que es horrible, también es cierto que humanos como tú y como yo llevan en nuestro planeta 300 000 años. Veo los árboles, la tierra, el océano, todo esto existía antes de que yo lo hiciese y perdurará mucho después de que yo me haya ido. Los imperios surgen y caen. A veces el centro —en un cuerpo, un matrimonio o una nación— no se mantiene estable. Y aun así, la gente se ama, se desvive por un extraño y se maravilla ante un arcoíris. Nada, *nada* en absoluto, puede cambiar esto. Seguimos poniendo un pie delante del otro, ayudándonos a levantarnos los unos a los otros a lo largo del camino.

49

Vota

Incluso en un mundo con miles de millones de personas, lo que hacemos afecta a los demás, para bien o para mal. Estamos conectados con todos los demás seres humanos. En un libro sobre cómo respondemos y tratamos a los demás, es apropiado considerar nuestras relaciones políticas en las sociedades que compartimos. Puede parecer abstracto y remoto cómo nos gobernamos a nosotros mismos, pero sus consecuencias son íntimas y personales.

Es posible que estés preocupado por la economía, las inundaciones y sequías del cambio climático o las nuevas enfermedades que se propagan por todo el planeta. Es posible que estés alarmado por el aumento del autoritarismo en todo el mundo. Es posible que estés horrorizado, como yo lo estoy aquí en Estados Unidos, por la larga historia de esclavitud, racismo e injusticia social. Es posible que estés profundamente preocupado por el mundo que heredarán nuestros hijos y los hijos de nuestros hijos.

Cuando ocurren determinadas cosas, como el asesinato de un hombre negro por parte de un oficial de policía blanco, es natural sentirse estupefacto, impactado, impotente. Y estar desbordado de indignación o de una pena incontenible. Aun así, incluso en medio de todo esto, puedes estar consciente y presente, y no completamente absorto. Luego, en algún momento te tomas un respiro y miras a tu alrededor y tratas de averiguar qué hacer.

Una cosa que hay que hacer es *votar*. Votamos de muchas maneras. Aparte de lo que hacemos en las urnas, ofrecemos una especie de voto —una elección con consecuencias— cuando firmamos una petición o enviamos dinero a una causa o a un candidato.[1] En un sentido amplio, votamos cuando defendemos a cualquiera que esté siendo tratado mal. Dentro de tu mente, emites una especie de voto cuando tomas una posición moral. La palabra «voto» deriva del latín *votum*, una ofrenda religiosa o promesa a los dioses con objeto de lograr algo deseado.

Alguien podría decirte: «No importa. Cualquier voto individual es una gota en el océano».

«Pero cada elección es importante para la persona que la toma». Te sientes bien por derecho propio sabiendo que estás comprometido con algo y has cumplido con tu palabra, que has hecho lo que has prometido. Además, es un poderoso antídoto contra la impotencia y la desesperación. Además, cuando otros ven que tomas medidas, puede animarlos a hacer lo mismo. Y la acumulación gradual de muchos pequeños esfuerzos, gota a gota, puede convertirse en una poderosa corriente. Llegué a la mayoría de edad a finales de la década de 1960 y, a lo largo de mi vida, he visto mejoras importantes en los derechos civiles, el ecologismo, el matrimonio homosexual y los derechos de la mujer. Estos cambios han sido el resultado de innumerables «votos» que se han sumado a lo largo del tiempo. De todos modos, aún tenemos un largo camino por recorrer. Los votos que emitimos –con nuestros sufragios, nuestras palabras y nuestros hechos– no son ninguna garantía de éxito. Pero si no votamos, una y otra vez, lo que está garantizado es el fracaso.

Cómo

Vota por los hechos

Estar confuso acerca de los hechos es como conducir un automóvil con los ojos cerrados. Algunos dicen que realmente no podemos saber la verdad sobre cosas importantes como los gobiernos nacionales o el cambio climático. Creo que eso es vago, en el mejor de los casos. Los conceptos básicos suelen ser bastante fáciles de ver. ¿Quién se está

---

1. En Estados Unidos, las campañas de los políticos que se presentan a unas elecciones se sufragan con donaciones. *(N. del T.)*

enriqueciendo y quién se está empobreciendo? ¿Se están derritiendo los glaciares? ¿Quién fortalece la democracia y quién la debilita? Diez o veinte minutos *online* consultando algunas fuentes de confianza te dirán mucho, sobre todo si son coherentes entre sí. Según el tema, puedes encontrar buenos resúmenes para el público en general de universidades, organizaciones científicas y profesionales, organizaciones sin ánimo de lucro no partidistas, Wikipedia y las principales organizaciones de noticias, como la BBC y el *The New York Times*. Estas fuentes no son perfectas, pero lo que las hace creíbles es que compiten entre sí por la precisión, y cuando no satisfacen las expectativas, hacen correcciones.

Estamos íntimamente afectados por hechos reales, tanto en los corredores de nuestras casas como en los corredores del poder. Cuando alguien te diga «No te preocupes. No necesitas saber la verdad, no necesitas preocuparte por eso…», normalmente te preocupas. Las personas que mienten para aferrarse a su autoridad la deslegitiman. Cualquier persona, grupo o gobierno que diga que los hechos son irrelevantes, o que haga que sea más difícil encontrarlos, o que arroje información falsa para desplazar la verdad, está atacando los cimientos de todas las relaciones saludables.

Ve a votar

Votar va de participación, y la participación en sí misma no es partidista. En las elecciones presidenciales de Estados Unidos, aproximadamente dos de cada cinco personas no se molestan en ir a votar, y los jóvenes de entre dieciocho y veinticinco años están aún menos comprometidos, aunque serán ellos quienes heredarán en su mayoría los efectos del calentamiento global, la desigualdad en el reparto de la riqueza y otros graves problemas sociales. Votar es sagrado. Como escribió el representante John Lewis[2] unos días antes de morir, «la democracia no es un estado. Es un acto».

---

2. John Robert Lewis (1940-2020) fue un político estadounidense. Inspirado por Martin Luther King Jr., fue un gran defensor de los derechos civiles de los afroamericanos. *(N. del T.)*

Enfréntate a la mala fe

Una cosa es discutir de buena fe sobre política. En este caso hay un interés compartido en los hechos reales, y si *tú* no deberías hacer algo, bueno, *yo* tampoco debería hacerlo. Como hemos visto, decir la verdad y jugar limpio son la base de todas las relaciones, desde dos personas en una pareja hasta millones de personas en un país. La mentira y el engaño no se toleran en los deportes ni en los negocios. Entonces, ¿por qué los toleramos en nuestros políticos?

Lo que hagas dependerá de la situación. Podrías ignorar a algún trol en Facebook o preguntarle amablemente a un amigo con un punto de vista diferente si podrías hablar sobre política de otra manera.

O tan pronto como se haga evidente que la otra persona no tiene ningún interés en un diálogo de buena fe, podrías decirle algo así: «¿Cuál es tu verdadero propósito? Sigues diciendo cosas que no son verdad o no tienen relación con lo que estoy hablando. Sólo estás tratando de cambiar de tema, en lugar de ocuparte de lo que estoy diciendo». Aunque no llegues a ninguna parte con esa persona, has dejado de perder el tiempo y, además, podrías tener un buen efecto aquellos que te estén observando.

Defiende a los demás

Recuerdo tener diez años y el fuerte impacto de ir al lavabo de una gasolinera en Carolina del Norte en 1963 y ver tres puertas etiquetadas: «Hombres», «Mujeres» y «De color». Mi vida ha tenido sus dificultades, pero como hombre blanco he tenido muchas ventajas. Miro mi casa y mis ahorros y sé que son el resultado de tres tipos de cosas: el esfuerzo personal, la suerte (buena o mala, incluida la lotería genética) y las ventajas que operan *en detrimento* de los demás. Una fracción de lo que poseo proviene de la discriminación actual e histórica contra las mujeres, las personas de color y otros grupos marginados. Esa fracción no es el cien por cien, pero ciertamente no es el cero por ciento. Sea lo que sea, son ganancias ilícitas.

La mayoría de las personas no salen por la puerta de casa pensando en desfavorecer a otros. Se trata de tristeza, no de vergüenza, de compasión y de compromiso con la justicia. Para aquéllos de nosotros que nos hemos beneficiado, como yo, de las ventajas sistémicas, creo que tenemos una responsabilidad particular de hacer lo que podamos. Cuando votamos con nuestros pensamientos y palabras, podemos escuchar y sentir el peso de lo que se dice, e intentar aprender y no asumir, y reconocer el impacto sobre los demás (independientemente de cuál haya sido nuestra intención), y encontrar el sincero deseo de ser un aliado, y seguir tratando de ser mejor. Cuando votamos en las urnas, podemos elegir políticos y políticas que protejan a los más jóvenes entre nosotros, que aborden las desigualdades raciales y que creen oportunidades para cada uno de nosotros.

Vota por ti mismo

En el fondo, cada uno de nosotros tiene el poder de ver lo que vemos, valorar lo que valoramos y hacer nuestros propios planes. Puede que no sea seguro o útil decir esto en voz alta, pero siempre podemos decírnoslo a nosotros mismos.

Éste es un tipo de voto. Independientemente de lo que pase en el mundo, siempre podemos votar dentro de nuestra propia mente. Es como si cada uno tuviéramos una cabina de votación interna. Podemos refugiarnos en el conocimiento seguro de lo que hacemos allí.

Consigo orientación y apoyo moral de personas que se han enfrentado a dificultades mucho mayores que las mías y que hablan de lo que podemos hacer dentro de nosotros mismos con la autoridad de su propio sufrimiento y dolor. La mayoría de estas personas no son famosas, y aun así sus palabras tienen un peso tremendo. Otras son muy conocidas, como el Dalái lama. Recuerdo haber visto una entrevista con él en la que describía el terrible maltrato de los tibetanos en su propio país. En su rostro, en su tono y en sus palabras, expresó esa libertad humana irreductible de tomar nuestras propias decisiones, reclamar el poder que tenemos y utilizarlo –y utilizarlo bien– con compasión por todos los seres.

50

Estima la Tierra

Nuestro cerebro tiene tres sistemas motivacionales principales –evitar daños, acercarse a las recompensas y apegarse a aquellos que nos importan– que recurren a muchas redes neuronales para lograr sus objetivos. Últimamente, he comenzado a darme cuenta de que también podría estar emergiendo un cuarto sistema motivacional.

Nuestros antepasados cazadores-recolectores no tenían mucha capacidad para dañar su mundo, ni podían tener mucha comprensión de sus efectos sobre él. Pero ahora, la humanidad tiene vastos poderes para ayudar y hacer daño. Y tenemos un conocimiento ineludible de lo que le estamos haciendo a nuestro propio hogar. 8000 millones de nosotros estamos presionando con fuerza contra los límites de bote salvavidas Tierra. A medida que el planeta se calienta, se extinguen muchas especies y disminuyen recursos como el agua dulce, la evolución cultural y quizás biológica podría estar llamándonos a *estimar la Tierra* para que nuestra propia especie sobreviva y prospere.

Se trata de la relación más fundamental de todas, la que existe entre cada uno de nosotros y la Tierra que compartimos. Considero que es apropiado que la exploremos en el último capítulo de este libro.

Cómo

El mundo está al alcance de tu mano en los alimentos que comes, el aire que respiras y el tiempo y el clima en los que pasas tus días. En círculos cada vez más amplios, incluye redes complejas de vida en la Tierra, el mar y el cielo. Cuando estimamos la Tierra, la *apreciamos* y la *cuidamos*.

Así pues, busca oportunidades para disfrutar y valorar diferentes cosas en el mundo natural. Éstas van desde lo que está cerca –plantas que florecen, árboles que ofrecen sombra, abejas que se mueven de una planta a otra– hasta el vasto nido que todos compartimos, como los intercambios de oxígeno y de dióxido de carbono a través de los cuales los animales y las plantas se dan aliento. Podemos apreciar el acontecimiento fortuito de nuestro planeta rocoso sobreviviendo a la formación temprana de un sistema solar para encontrar una órbita que permita agua líquida en su superficie… y el acontecimiento aún más notable de este universo borboteando hacia la existencia: el nido más grande de todos, el milagro extraordinario en el que hacemos nuestros días ordinarios.

Podrías buscar formas de proteger y nutrir nuestro vulnerable y precioso mundo. Todos estamos involucrados con los sistemas de extracción y contaminación, y con la pesada bota de la humanidad sobre innumerables otras especies. Nadie puede hacerlo todo, pero todos podemos hacer algo. Elige algo que te importe, tal vez comer menos carne o incluso evitarla por completo, apagar las luces cuando no las estés utilizando o gastar alrededor de un dólar al día en proyectos que compensen el CO_2 que tus actividades envían a la atmósfera. Planta un árbol, recicla tanto como puedas y apoya a las personas y los partidos políticos que se toman en serio frenar y, en última instancia, revertir el calentamiento global.

En el fondo, ¿cuál es nuestra relación con este planeta? ¿Nos relacionamos con él como un objeto a explotar, un adversario o un conocido lejano? ¿O lo apreciamos como un amigo, un santuario frágil o un hogar querido?

Aquí y allá y en todas partes, vivamos todos en un mundo que queremos.

Agradecimientos

Aprendemos algo sobre las relaciones de todas las personas con las que hemos tenido una relación, así que me temo que me resulta imposible reconocerlas a todas adecuadamente. Simplemente diré que mi esposa y mis hijos han sido mis mejores maestros.

También he aprendido mucho de queridos amigos, entre ellos Adhimutti Bhikkhuni, Peter Baumann, Stuart Bell, Tom Bowlin, Tara Brach, John Casey, Caren Cole, Mark Coleman, Andy Dreitcer, Daniel Ellenberg, Pam Handleman, John Kleiner, Marc Lesser, Roddy McCalley, Rick Mendius, John Prendergast, Henry Shukman, Michael Taft y Bob Truog. Cuando era un tímido y torpe estudiante universitario en UCLA, tuve varios mentores que fueron cruciales, en particular Carol Hetrick, Chuck Rusch, Mike Van Horn y Jules Zentner.

El campo de la psicología ha explorado las relaciones en profundidad, y en este libro me he basado en la teoría del apego, la teoría de los sistemas familiares y la comunicación no violenta, así como en mis treinta y cinco años de terapia con individuos y parejas. Estoy profundamente agradecido a todos los que alguna vez han confiado en mí lo suficiente como consejero para acudir a hablar conmigo. También hay muchísima sabiduría práctica en las tradiciones contemplativas, incluida la que mejor conozco, el budismo primitivo. Leslie Booker y Mamphela Ramphele me han ayudado a ser más consciente de mis privilegios y prejuicios, y a ser más hábil en la forma en que me comunico.

Este libro se basa en algunos de los ensayos breves de mi boletín semanal gratuito, *Just One Thing*. A lo largo de los años, he recibido comentarios útiles de muchos lectores, ¡gracias a todos ellos!

Charlotte Nuessle le ha dado al libro una lectura útil y, por supuesto, mi paciente y sabia editora, Donna Loffredo, ha hecho multitud de inestimables sugerencias y correcciones. Diana Drew se ha encargado de la meticulosa edición y ha sido un verdadero placer trabajar con todo el grupo de Penguin Random House. En todo momento, mi amiga y agente Amy Rennert me ha acompañado con su maravillosa combinación de amabilidad y experiencia. Nuestro equipo en Being Well, Inc., dirigido por Stephanie Veillon, incluye a Forrest Hanson, Michelle Keane, Sui Oakland, Paul Van de Riet, Marion Reynolds y Andrew Schuman. ¡Todos vosotros habéis establecido grandes relaciones conmigo y entre vosotros desde el primer día que empezasteis!

Gracias a cada uno de vosotros. Y que nuestros sinceros esfuerzos fomenten un mundo en el que todos podamos vivir juntos en paz.

Acerca del autor

Rick Hanson, PhD, es psicólogo, investigador sénior en el Greater Good Science Center de la UC Berkeley y autor superventas del *The New York Times.* Sus seis libros se han publicado en treinta idiomas e incluyen *Neurodharma, Resiliente, Cultiva la felicidad, El cerebro de Buda* y Sólo una cosa. Su boletín informativo gratuito tiene más de 250 000 suscriptores y sus programas *online* disponen de becas para aquellos con necesidades financieras. Ha dado conferencias en la NASA, Google, Oxford y Harvard, y ha enseñado en centros de meditación de todo el mundo. Experto en neuroplasticidad positiva, su trabajo ha sido emitido en la CBS, la NPR, la BBC y otros medios importantes. Empezó a meditar en 1974 y es el fundador del Wellspring Institute for Neuroscience and Contemplative Wisdom. Vive con su esposa en el norte de California y tienen dos hijos adultos. Le encanta la naturaleza y tomarse un descanso de los correos electrónicos.

Índice analítico

A

abrir el corazón 98
aceptación 22, 123, 124, 125, 126,
 149, 244, 259
acoso 11, 154, 158, 160, 161
acuerdos 133, 134, 143, 223, 226,
 231, 236, 237, 238
 incumplidos 236
admitir la culpa 203, 204
agradecimiento 27, 259
agresor 36, 37
aliados 145, 155, 160
amenazas 15, 30, 73, 121, 137, 138,
 139, 147, 188, 217
amistades 116
amor 3, 5, 9, 18, 28, 47, 49, 55, 56,
 59, 71, 72, 73, 76, 90, 95, 103,
 104, 105, 106, 107, 125, 149, 214,
 224, 227, 241, 243, 259, 260, 261,
 287, 288
animarte 261
ansiedades sociales 137
apoyar 156, 260
apoyo 10, 15, 16, 17, 18, 30, 37, 42,
 52, 53, 64, 65, 125, 158, 160, 183,
 192, 207, 213, 228, 231, 232, 240,
 244, 250, 258, 259, 263, 269
aprecio 172, 183, 184, 185, 288
aprender 11, 25, 55, 60, 65, 67, 68,
 119, 128, 180, 269
asumir 26, 49, 106, 150, 227, 269
auténtico 45, 59, 93, 132

autocompasión 51, 53, 54, 60
autoconfianza 27
autocrítica 47, 51, 52, 204

B

banco de memoria 35, 36
bloqueos 17, 18, 125, 224
bondad 43, 49, 55, 56, 57, 59, 63, 72,
 82, 91, 93, 94, 95, 96, 106, 200,
 201, 250, 259, 260, 262
buenas intenciones 25, 90, 91, 98,
 143, 167, 174, 178, 182

C

calma 23, 27, 29, 31, 41, 55, 83, 120,
 287
camino 19, 22, 35, 36, 45, 65, 82, 83,
 119, 128, 132, 133, 134, 201, 213,
 214, 215, 218, 227, 234, 263, 266
carácter 87, 183, 184
caras 78, 82
cazadores-recolectores 33, 71, 181, 271
cebado 148, 149
centro 30, 43, 142, 262, 263
cerebro 21, 22, 23, 25, 29, 30, 42, 55,
 73, 76, 85, 90, 98, 103, 138, 142,
 149, 165, 258, 271, 275
claridad 24, 30, 66, 98, 117, 126, 143,
 201, 209, 226, 242, 244
código 131, 133, 200
coentusiasta 192
compartir 72, 77, 153, 245

compasión 7, 9, 27, 36, 51, 52, 53, 54, 56, 72, 81, 82, 83, 84, 87, 98, 101, 103, 106, 112, 115, 118, 128, 141, 143, 152, 158, 159, 174, 201, 204, 207, 208, 212, 213, 241, 244, 259, 261, 263, 269, 287

complejidad 43

comunicación 10, 220, 222, 273

comunicaciones 187, 222

comunicar 170, 215, 220, 223

conexión 33, 79, 228, 239

confiar 60, 61, 103, 104, 169, 181, 182, 201, 203, 225, 238, 240, 241, 242

corazón 9, 10, 16, 18, 26, 30, 34, 54, 56, 61, 64, 67, 69, 71, 72, 73, 76, 81, 82, 83, 93, 94, 95, 96, 97, 98, 99, 100, 103, 104, 106, 113, 120, 125, 126, 134, 137, 138, 141, 143, 149, 152, 167, 173, 174, 175, 182, 189, 193, 201, 209, 213, 214, 215, 224, 229, 253, 259, 261, 262, 287, 288

corregir 213

corteza 42, 77, 149

críticas 55, 60, 127, 128, 129, 151, 207, 208

crítico interior 65

cuidado 33, 36, 37, 59, 133, 149, 159, 166, 189, 204, 219, 237, 251, 261

cuidar 64, 72, 106, 140

culpas 200

cultivar 10, 25

curiosidad 18, 78, 86, 128

D

dar 9, 10, 15, 16, 17, 53, 63, 94, 105, 106, 119, 172, 181, 183, 187, 188, 195, 196, 197, 208, 235, 262

decir la verdad 154, 155, 260, 268

defender 80, 119, 160, 189

defensor 36, 37, 267

desapego 77

deseos 17, 21, 23, 39, 41, 44, 47, 52,

60, 89, 90, 91, 95, 96, 132, 134, 150, 172, 174, 195, 196, 197, 223, 224, 225, 226, 227, 229, 242, 251, 260, 287

destreza 128, 200, 201

detonante 148

discurso 94, 166

distanciamientos 244

E

elogiar 185

empatía 51, 75, 76, 77, 78, 79, 80, 98, 103, 104, 212, 220, 233, 243

errores 25, 27, 50, 59, 60, 65, 66, 121, 123, 127, 129, 147, 161, 177, 185, 213

establecer límites 246, 247

estrés 21, 26, 27, 33, 51, 52, 60, 81, 83, 118, 142, 148, 149

evaluar 134

experiencias 21, 23, 27, 28, 31, 33, 34, 40, 42, 52, 55, 72, 113, 115, 119, 150, 178, 226, 228, 259

F

fuerza 19, 26, 27, 29, 30, 31, 42, 44, 56, 57, 78, 98, 103, 114, 115, 120, 140, 151, 173, 214, 227, 258, 263, 271, 287

G

ganancias 236, 268

«gorroneo» 155

gratitud 184, 228, 241, 258

guerra 117, 118, 120, 121, 212, 288

guiones 119, 120, 245

guiones familiares 119

gustar 87, 258

H

habilidades 23, 28, 43, 72, 86, 184, 247

hablar 17, 44, 48, 49, 52, 60, 93, 99,

115, 126, 128, 134, 137, 140, 143, 144, 151, 152, 160, 165, 166, 167, 171, 173, 174, 175, 181, 185, 187, 188, 213, 214, 215, 217, 218, 219, 220, 221, 222, 224, 227, 228, 230, 233, 234, 236, 237, 240, 241, 243, 244, 245, 246, 268, 273, 289

hechos 35, 56, 66, 86, 123, 126, 128, 141, 143, 154, 166, 173, 174, 179, 232, 258, 259, 262, 266, 267, 268

heridas 10, 21, 35, 81, 96, 105, 147, 173

honestidad 87, 152, 155, 169

I

ideas 11, 149, 185, 192, 193, 234

imagen 18, 94, 212, 213, 252

importancia 15, 115, 149, 212, 214, 237, 242, 252

«impotencia aprendida» 63

infancia 18, 21, 33, 40, 41, 55, 113, 119, 139, 142, 150, 208, 215, 223, 252

innecesario 65, 127, 137, 188, 288

inocencia 158

ínsula 76, 77

intenciones 25, 40, 43, 54, 55, 56, 75, 78, 89, 90, 91, 98, 114, 143, 167, 174, 178, 179, 182, 251

intenciones positivas 56, 90, 91

interés 6, 15, 126, 151, 195, 237, 242, 251, 268

interno 31, 36, 43, 78, 97

internos 25, 43, 57

intimidación 157

intimidar 157, 288

ira 23, 24, 28, 40, 41, 51, 52, 56, 71, 72, 73, 78, 79, 81, 82, 100, 103, 106, 117, 118, 147, 148, 149, 150, 151, 152, 165, 166, 170, 171, 189, 207, 244, 249, 250, 251, 257, 259, 262, 288

J

jardín de la mente 24, 25

juego limpio 91, 104, 155

L

leal 15, 16, 17, 18, 19, 101, 241, 287

lealtad 16, 17, 18, 91

límites 30, 166, 185, 191, 215, 220, 222, 235, 245, 246, 247, 271

lobo 9, 71, 72, 73, 287

lugar 7, 11, 21, 22, 27, 36, 49, 55, 57, 63, 85, 86, 93, 94, 95, 105, 112, 120, 121, 127, 132, 140, 141, 143, 144, 145, 148, 166, 178, 181, 188, 195, 218, 219, 221, 225, 228, 234, 240, 250, 258, 260, 262, 268, 288

M

mala fe 154, 268

meditativa 83

mental 28, 52, 96, 99, 121, 124, 142, 181, 234

mente 17, 18, 21, 22, 23, 24, 25, 26, 27, 30, 40, 47, 48, 56, 66, 67, 71, 77, 78, 83, 84, 94, 98, 100, 114, 117, 118, 120, 121, 128, 133, 139, 142, 149, 155, 159, 161, 165, 170, 172, 178, 181, 208, 227, 230, 242, 246, 250, 258, 259, 260, 266, 269

«Mente en guerra» 120

mentir 154, 156, 201

metáfora 148

miedo 17, 39, 52, 55, 59, 60, 72, 73, 79, 94, 103, 106, 115, 118, 119, 137, 139, 140, 148, 149, 159, 160, 170, 207, 257, 288

mundo 9, 10, 11, 21, 25, 26, 29, 34, 40, 42, 43, 52, 53, 55, 56, 59, 60, 64, 65, 67, 71, 72, 73, 75, 76, 77, 78, 80, 81, 84, 93, 95, 121, 129, 153, 155, 161, 169, 179, 184, 185, 215, 227, 235, 244, 245, 255, 259,

261, 262, 263, 265, 269, 271, 272, 274, 275, 289

N

nadador 118
necesidades 10, 17, 27, 28, 40, 47, 48, 49, 78, 80, 81, 106, 119, 132, 140, 145, 150, 171, 195, 197, 218, 219, 221, 222, 231, 236, 275, 287
negatividad 21, 85, 86
neuronas 42, 76
«nosotros» 72, 99, 100, 218, 228

O

objetivos 50, 89, 91, 96, 114, 115, 120, 134, 144, 158, 159, 165, 218, 228, 232, 271
ofensas 152
omitir 84, 171, 172

P

palabras 21, 48, 54, 56, 82, 84, 112, 127, 151, 155, 165, 169, 170, 172, 187, 188, 214, 220, 233, 246, 253, 266, 269, 288
papel 47, 114, 120, 138, 172, 178, 199, 200, 201, 202, 224, 244, 246, 288
paranoia 138
parasimpático 29
parietal (lóbulo) 76
pautas 165, 166, 167, 222
paz 9, 28, 42, 49, 53, 68, 83, 94, 101, 106, 109, 119, 120, 124, 126, 134, 149, 153, 200, 201, 215, 245, 249, 274, 288
peleas 214
pérdida 55, 83, 106, 243, 244, 245
perdón 249, 250, 251, 253
personal 10, 15, 35, 43, 78, 111, 112, 113, 115, 116, 128, 133, 144, 170, 172, 192, 251, 252, 261, 268, 288
planificar 129, 142

poder 9, 18, 23, 49, 53, 64, 73, 87, 104, 106, 115, 119, 139, 147, 148, 152, 157, 158, 159, 161, 201, 225, 232, 246, 250, 267, 269
política 156, 158, 239, 240, 268
prefrontal 42, 77, 149
pregunta 177, 288
preguntar 67, 177, 179, 219, 229
presente 6, 17, 19, 24, 28, 30, 35, 41, 53, 55, 67, 72, 75, 84, 104, 106, 118, 133, 142, 200, 215, 252, 262, 265, 287
profundizar 9, 54, 169, 180, 181
protector 65, 66, 67, 68
puntos en común 156, 232

Q

quejas 119, 132, 134, 158, 161, 185, 196, 229, 233

R

real 228
reconocer 18, 35, 36, 43, 49, 53, 65, 72, 80, 81, 90, 91, 100, 101, 103, 104, 112, 121, 151, 166, 183, 185, 199, 200, 201, 204, 207, 227, 236, 250, 252, 269
recursos 25, 28, 71, 138, 139, 160, 200, 271
redimensionar 10, 239, 240, 245, 246, 247
refugio 141, 169, 257, 260
regalarte 64
reglas básicas 10, 86, 220, 221
relación 9, 10, 11, 18, 27, 28, 31, 45, 51, 52, 53, 54, 61, 64, 75, 79, 87, 89, 95, 96, 98, 99, 105, 106, 112, 114, 116, 124, 126, 131, 132, 133, 134, 143, 144, 148, 150, 151, 153, 154, 157, 165, 169, 171, 173, 174, 180, 181, 184, 185, 187, 188, 192, 195, 196, 197, 200, 204, 207, 208, 211, 213, 214, 217, 221, 224, 225, 226, 228, 230, 231, 232, 234, 236,

238, 239, 240, 241, 242, 243, 244, 245, 246, 247, 250, 268, 271, 272, 273, 289

relaciones 3, 5, 6, 9, 10, 11, 15, 16, 27, 28, 29, 43, 48, 50, 57, 60, 75, 76, 96, 97, 105, 106, 127, 131, 134, 138, 145, 147, 148, 149, 154, 157, 171, 172, 175, 183, 191, 192, 195, 199, 203, 208, 217, 222, 223, 225, 227, 231, 232, 233, 235, 239, 240, 242, 243, 244, 247, 252, 259, 265, 267, 268, 273, 274

relajación 29, 98, 126

remordimiento 55, 65, 66, 67, 200, 201

reparar 9, 65, 67, 172, 241, 242, 243, 244

resentimiento 28, 41, 97, 131, 148, 249, 251

respirar 30, 35, 64, 77, 104, 124, 149

responsabilidad 26, 49, 67, 132, 138, 158, 167, 171, 189, 199, 201, 204, 227, 242, 243, 252, 269

responsabilidades 133, 150, 157

S

seguridad 26, 50, 90, 112, 137, 142, 193, 222, 263

sentirse querido 33, 34, 45, 53

sistema nervioso (SNP) 25, 26, 29, 95, 138

SNP (sistema nervioso parasimpático) 29

SNS (sistema nervioso simpático) 29

suavizar 29, 91, 125

sueños 36, 40, 191, 193

sufrimiento 52, 53, 54, 65, 72, 81, 82, 131, 137, 158, 159, 188, 212, 269

sufrimiento 52

suministros sociales 34

T

temporal 76

tensión 22, 24, 29, 30, 41, 43, 81, 82, 83, 100, 118, 132, 208, 218, 241

teoría de la mente 77

tierra 29, 40, 72, 107, 141, 142, 258, 263

tigre de papel 138

tono de voz 151, 204, 217, 227

turbocompresores 139

U

unilateral 131, 132, 134, 213

V

verdad 17, 18, 29, 30, 36, 37, 53, 56, 61, 66, 73, 82, 96, 100, 106, 112, 114, 123, 124, 125, 126, 139, 142, 153, 154, 155, 156, 158, 159, 166, 167, 169, 172, 173, 174, 183, 202, 203, 204, 230, 232, 244, 251, 258, 260, 261, 262, 263, 266, 267, 268, 288

virtud 131, 132, 134, 213

virtudes 87

votar 265, 267, 269

voto 265, 266, 269

Z

Zona roja 28, 29, 31

Zona verde 27, 28

Índice

Introducción 9

Primera parte
Sé amigo de ti mismo

1. Sé leal contigo mismo 15
2. Deja ser, deja ir, deja entrar 21
3. Descansa con la fuerza de la calma 27
4. Siéntete querido 33
5. Acéptate 39
6. Respeta tus necesidades 47
7. Ten compasión por ti mismo 51
8. Ten presente que eres una buena persona 55
9. Confía en ti 59
10. Regálate 63
11. Perdónate 65

Segunda parte
Aviva el corazón

12. Alimenta el lobo del amor 71
13. Ve la persona que hay detrás de los ojos 75
14. Ten compasión por los demás 81
15. Ve lo bueno en los demás 85
16. Aprecia sus deseos más profundos 89
17. Sé bondadoso 93

18. No quites a nadie de tu corazón 97
19. Confía en el amor 103

Tercera parte
Estate en paz con los demás

20 Tómatelo como algo menos personal 111
21. Abandona la guerra de tu cabeza 117
22. Acéptalos 123
23. Relájate, te van a criticar 127
24. Ocúpate de tus asuntos 131

Cuarta parte
Defiéndete de ti mismo

25. Deja ir el miedo innecesario 137
26. Encuentra tu lugar 141
27. Utiliza la ira; no dejes que te utilice 147
28. Di la verdad y juega limpio 153
29. No te dejes intimidar 157

Quinta parte
Habla sabiamente

30. Mide tus palabras 165
31. Di la verdad 169
32. Habla desde el corazón 173
33. Pregunta 177
34. Expresa aprecio 183
35. Prueba un tono más suave 187
36. No seas un aguafiestas 191
37. Dale a la otra persona lo que quiere 195
38. Observa tu papel 199
39. Admite la culpa y sigue adelante 203
40. Abandona el «caso» contra alguien 207
41. Corrige cuando estés equivocado 211

42. Habla sobre hablar 217

43. Di qué quieres 223

44. Alcanza un acuerdo 231

45. Redimensiona la relación 239

46. Perdona a la otra persona 249

Sexta parte
Ama el mundo

47. Ama lo que es real 257

48. Anímate 261

49. Vota 265

50. Estima la Tierra 271

Agradecimientos 273

Acerca del autor 275

Índice analítico 277